Eu não vim fazer um discurso

Eu não vim fazer um discurso
GABRIEL GARCÍA MÁRQUEZ

tradução de
ERIC NEPOMUCENO

1ª edição

EDITORA RECORD
RIO DE JANEIRO • SÃO PAULO
2011

CIP-BRASIL. CATALOGAÇÃO-NA-FONTE
SINDICATO NACIONAL DOS EDITORES DE LIVROS, RJ

G21e García Márquez, Gabriel, 1928-
Eu não vim fazer um discurso / Gabriel García Márquez;
tradução de Eric Nepomuceno. – Rio de Janeiro: Record, 2011.

Tradução de: Yo no vengo a decir un discurso
ISBN 978-85-01-09395-0

1. García Márquez, Gabriel, 1928- – Oratória. I. Título.

CDD: 863.64
11-3346 CDU: 821.134.2-3

Título original em espanhol:
YO NO VENGO A DECIR UN DISCURSO

Copyright © 2011 by Gabriel García Márquez

Todos os direitos reservados. Proibida a reprodução, armazenamento
ou transmissão de partes deste livro através de quaisquer meios,
sem prévia autorização por escrito. Proibida a venda desta edição
em Portugal e resto da Europa.

Texto revisado segundo o novo Acordo Ortográfico da Língua
Portuguesa.

Direitos exclusivos de publicação em língua portuguesa para o Brasil
adquiridos pela
EDITORA RECORD LTDA.
Rua Argentina, 171 – 20921-380 – Rio de Janeiro, RJ – Tel.: 2585-2000
que se reserva a propriedade literária desta tradução.

Impresso no Brasil.

ISBN 978-85-01-09395-0

Seja um leitor preferencial Record.
Cadastre-se e receba informações sobre nossos
lançamentos e nossas promoções.

EDITORA AFILIADA

Atendimento e venda direta ao leitor:
mdireto@record.com.br ou (21) 2585-2002.

Sumário

A academia do dever   9
Zipaquirá, Colômbia, 17 de novembro de 1944

Como comecei a escrever   12
Caracas, Venezuela, 3 de maio de 1970

Por vocês   18
Caracas, Venezuela, 2 de agosto de 1972

Outra pátria diferente   20
Cidade do México, 22 de outubro de 1982

A solidão da América Latina   22
Estocolmo, Suécia, 8 de dezembro de 1982

Brinde à poesia   29
Estocolmo, Suécia, 10 de dezembro de 1982

Palavras para um novo milênio   31
Havana, Cuba, 29 de novembro de 1985

O cataclismo de Dâmocles 38
Ixtapa-Zihuatanejo, México, 6 de agosto de 1986

Uma ideia indestrutível 44
Havana, Cuba, 4 de dezembro de 1986

Prefácio para um novo milênio 50
Caracas, Venezuela, 4 de março de 1990

Não estou aqui 54
Havana, Cuba, 8 de dezembro de 1992

Em homenagem a Belisario Betancur por ocasião
de seus 70 anos 56
Santafé de Bogotá, Colômbia, 18 de fevereiro de 1993

Meu amigo Mutis 60
Santafé de Bogotá, Colômbia, 25 de agosto de 1993

O argentino que se fez amar por todo mundo 70
Cidade do México, 12 de fevereiro de 1994

A América Latina existe 75
Contadora, Panamá, 28 de março de 1995

Uma natureza diferente num mundo diferente
do nosso 82
Santafé de Bogotá, Colômbia, 12 de abril de 1996

Jornalismo: o melhor ofício do mundo 88
Los Angeles, Estados Unidos, 7 de outubro de 1996

Garrafa ao mar para o deus das palavras 101
Zacatecas, México, 7 de abril de 1997

Ilusões para o século XXI 104
Paris, França, 8 de março de 1999

A pátria amada embora distante 106
Medellín, Colômbia, 18 de maio de 2003

Uma alma aberta para ser preenchida com
mensagens em castelhano 111
Cartagena das Índias, Colômbia, 26 de março de 2007

Nota do organizador 116
Notícias sobre os discursos 118

A ACADEMIA DO DEVER
Zipaquirá, Colômbia, 17 de novembro de 1944

Geralmente, em todos os atos sociais como este, uma pessoa é designada para fazer um discurso. Essa pessoa procura sempre o tema mais apropriado e o desenvolve diante dos presentes. Eu não vim fazer um discurso. Pude escolher para hoje o nobre tema da amizade. Mas o que poderia dizer-lhes da amizade? Poderia ter preenchido umas tantas páginas com histórias e sentenças que, no final das contas, não teriam me conduzido ao fim desejado. Analisem, cada um dos senhores, vossos próprios sentimentos, considerem um por um os motivos pelos quais sentem uma preferência incomparável pela pessoa na qual têm depositadas todas as vossas intimidades, e então conseguirão saber a razão deste ato.

Toda esta série de acontecimentos cotidianos que nos uniram através de laços inquebrantáveis com este grupo de rapazes que hoje abrirá caminho na vida — isto é a amizade. E é isso que eu teria dito aos senhores neste dia. Mas, repito, não vim fazer um discurso; quero apenas nomeá-los juízes de consciência neste processo, para em seguida convidá-los a compartilhar com os estudantes desta fornada o doloroso instante da despedida.

Aqui estão, prontos para partir, Henry Sánchez, o simpático D'Artagnan do esporte, com seus três mosqueteiros — Jorge Fajardo, Augusto Londoño e Hernando Rodríguez. Aqui estão Rafael Cuenca e Nicolás Reyes, um feito a sombra do outro. Aqui estão Ricardo González, grande cavalheiro do tubo de ensaios, e Alfredo García Romero, indivíduo declarado perigoso no campo de todas as discussões: juntos, exemplares vidas da amizade verdadeira. Aqui estão Julio Villafañe e Rodrigo Restrepo, membros do nosso parlamento e do nosso jornalismo. Aqui, Miguel Ángel Lozano e Guillermo Rubio, apóstolos da exatidão. Aqui, Humberto Jaimes e Manuel Arenas e Samuel Huertas e Ernesto Martínez, cônsules da consagração e da boa vontade. Aqui está Álvaro Nivia com seu bom humor e com sua inteligência. Aqui estão Jaime Fonseca e Héctor Cuéllas e Alfredo Aguirre, três pessoas diferentes e um único ideal verdadeiro: o triunfo. Aqui, Carlos Aguirre e Carlos Alvarado, unidos por um mesmo nome e pelo mesmo desejo de ser orgulho da pátria. Aqui, Álvaro Baquero e Ramiro Cárdenas e Jaime Montoya, companheiros inseparáveis dos livros. E, finalmente, aqui estão Julio César Morales e Guillermo Sánchez, como duas colunas vivas que sustentam em seus ombros a responsabilidade das minhas palavras, quando eu vos digo que este grupo de rapazes está destinado a perdurar nos melhores daguerreótipos da

Colômbia. Todos eles vão à procura da luz, impulsionados por um mesmo ideal.

Agora que ouviram as qualidades de cada um, vou lançar a sentença que os senhores, como juízes de consciência, deverão considerar: em nome do Liceu Nacional e da sociedade, declaro este grupo de jovens, com as palavras de Cícero, membros plenos da academia do dever e cidadãos da inteligência.

Honorável auditório, termino o procedimento.

COMO COMECEI A ESCREVER
Caracas, Venezuela, 3 de maio de 1970

Em primeiro lugar, perdoem que eu fale sentado, mas a verdade é que, se eu me levantar, corro o risco de cair de medo. É sério. Sempre acreditei que os cinco minutos mais terríveis da minha vida seriam passados num avião e na frente de vinte a trinta pessoas, e não diante de duzentos amigos como agora. Por sorte, o que acontece comigo neste momento me permite começar a falar da minha literatura, já que estava pensando que eu comecei a ser escritor da mesma forma que subi neste palco: à força. Confesso que fiz o possível para não comparecer a esta assembleia: tentei ficar doente, busquei um jeito de conseguir uma pneumonia, fui até o barbeiro com a esperança de que ele me degolasse e, no final, tive a ideia de vir sem paletó nem gravata para que não me permitissem entrar numa reunião tão formal como esta, mas esqueci que estava na Venezuela, onde se pode ir a qualquer lugar em mangas de camisa. Resultado: cá estou, e não sei por onde começar. Mas posso contar, por exemplo, como comecei a escrever.

Nunca tinha me ocorrido que poderia ser escritor, mas, em meus tempos de estudante, Eduardo Zalamea Borda, diretor do suplemento literário do *El Espectador* de Bogotá, publicou um artigo no qual dizia que as novas gerações de escritores não ofereciam nada, que não se via em lugar algum um novo contista ou um novo romancista. E concluía afirmando que ele era criticado porque seu jornal não publicava nada além de nomes muito conhecidos, de escritores velhos, e nada de jovens, quando a verdade — dizia — é que não havia jovens que escrevessem.

Bateu em mim, então, um sentimento de solidariedade com meus companheiros de geração e resolvi escrever um conto, só para calar a boca de Eduardo Zalamea Borda, que era grande amigo meu, ou pelo menos chegou, mais tarde, a ser meu grande amigo. Sentei-me, escrevi o conto e mandei para o *El Espectador*. Levei um segundo susto no domingo seguinte, quando abri o jornal e lá estava, numa página inteira, meu conto, com uma nota na qual Eduardo Zalamea Borda reconhecia que havia se enganado, porque evidentemente com "esse conto surgia um gênio na literatura colombiana" ou coisa parecida.

Desta vez, sim, fiquei doente, e disse a mim mesmo: "Onde é que fui me meter? E agora, o que é que eu faço para não deixar Eduardo Zalamea Borda mal?" Continuar escrevendo — essa foi a resposta. Tinha sempre na minha frente o problema dos temas: era obrigado a procurar a história para conseguir escrevê-la.

E isso me permite dizer a vocês uma coisa que agora comprovo, depois de ter publicado cinco livros: o ofício de escritor é talvez o único que quanto mais se pratica, mais difícil fica. A facilidade com que me sentei naquela tarde para escrever aquele conto não pode se comparar com o trabalho que hoje em dia me custa escrever uma página. Quanto ao meu método de trabalho, é bastante coerente com o que estou dizendo aqui. Nunca sei quanto vou conseguir escrever, nem o que vou escrever. Fico esperando que me ocorra alguma ideia, e quando me ocorre uma ideia que considero boa para escrever, me ponho a dar voltas com ela na cabeça e deixo que vá amadurecendo. Quando tenho a ideia pronta (e às vezes se passam muitos anos, como no caso de *Cem anos de solidão*: levei dezenove anos pensando nela), quando tenho a ideia pronta, repito, então me sento para escrevê-la, e aí começa a parte mais difícil e a mais aborrecida para mim. Porque a parte mais deliciosa da história é concebê-la, ir arredondando, dando voltas e reviravoltas, de tal forma que na hora de sentar para escrever ela já não me interessa muito, ou pelo menos sinto que não me interessa muito. A ideia que dá voltas.

Vou contar a vocês, por exemplo, a ideia que está dando voltas na minha cabeça há vários anos, e suspeito que essa história já esteja bastante redonda. Conto agora porque certamente quando a escrever, e não sei quando será, vocês vão achá-la completamente diferente, e poderão observar como ela evoluiu. Imaginem um povoado muito pequeno, onde existe uma senhora velha que tem dois filhos, um de dezessete e uma filha menor, de catorze. A senhora está servindo o café da manhã para os filhos, e nota-se nela uma expressão de muita preocupação. Os filhos perguntam o que ela tem, e ela responde: "Não sei, mas amanheci com o pensamento de que alguma coisa muito grave vai acontecer neste povoado."

Os dois riem dela, dizem que são pressentimentos de velha, coisas que acontecem. O filho resolve ir jogar bilhar, e no momento em que vai fazer uma carambola simplíssima, o adversário diz a ele: "Aposto um peso como você não consegue." Todos riem, ele ri, mas tenta e de fato não consegue. Paga um peso e ouve a pergunta: "O que será que aconteceu, se era uma carambola tão simples?" Diz: "É verdade, mas fiquei preocupado com o que minha mãe me disse esta manhã, sobre alguma coisa grave que vai acontecer neste povoado." Todos riem dele, e o que ganhou o peso volta para casa, onde está sua mãe com uma prima ou uma neta ou, enfim, uma parente qualquer. Feliz com seu peso, diz: "Ganhei este peso de Dámaso, e da maneira mais simples, porque ele é um bobão." "Bobão por quê?" Responde: "Ora, porque não conseguiu fazer uma carambola simplíssima, estorvado de preocupação porque a mãe dele amanheceu hoje com a ideia de que alguma coisa muito grave vai acontecer neste povoado."

Então a mãe diz a ele: "Não deboche dos pressentimentos dos velhos, porque às vezes acontecem." A parente ouve tudo isso e sai para comprar carne. Ela diz ao açougueiro: "Quero meio quilo de carne", e no momento em que ele está cortando, ela acrescenta: "Ou melhor, me dê logo um quilo, porque estão dizendo por aí que alguma coisa grave vai acontecer, e é melhor estar preparada." O açougueiro entrega a carne e quando chega outra senhora para comprar meio quilo, diz a ela: "É melhor levar um quilo porque o pessoal está dizendo que alguma coisa grave vai acontecer, e está todo mundo se preparando, comprando coisas."

Então a velha responde: "Tenho vários filhos; olha aqui, é melhor me dar logo dois quilos." Leva os dois quilos e, para não espichar a história, digo que em meia hora o açougueiro vendeu todo seu estoque de carne, matou outra vaca, vendeu tudo e o rumor foi se espalhando. Até que chega o momento em que todo mundo no povoado está esperando que alguma coisa aconteça. As atividades são paralisadas, e de repente, às duas da tarde, faz o calor de sempre. Alguém diz: "Vocês estão percebendo o calor que está fazendo?". "Mas aqui sempre fez muito calor." Tanto calor que é um povoado onde todos os músicos tinham instrumentos remendados com breu e tocavam sempre na sombra, porque se tocassem ao sol os instrumentos cairiam aos pedaços. "Mesmo assim" — diz alguém — "nunca fez tanto calor a esta hora." No povoado deserto, na praça deserta, baixa de repente um passarinho, e corre a voz: "Tem um passarinho na praça." E todo mundo vai, espantado, ver o passarinho.

"Mas, meus senhores, sempre houve passarinhos que pousam na praça." "Pois é, mas nunca a essa hora." Chega um momento de tamanha tensão para os habitantes do povoado, que todos estão desesperados para ir embora mas ninguém tem coragem. "Eu sim, sou muito macho", grita um deles, "e vou-me embora." Pega seus móveis, seus filhos, seus animais, mete tudo numa carreta e atravessa a rua principal onde o pobre povo está vendo aquilo. Até o momento em que dizem: "Se ele se atreve a ir embora, pois nós também vamos", e começam a literalmente desmontar o povoado. Levam embora as coisas, os animais, tudo. E um dos últimos a abandonar o povoado diz: "Que não venha uma desgraça cair sobre o que sobra da nossa casa", e então incendeia a casa e outros incendeiam outras casas. Fogem num tremendo e verdadeiro pânico, feito um êxodo de guerra, e no meio deles vai a senhora que teve o presságio, clamando: "Eu falei que alguma coisa muito grave ia acontecer e disseram que eu estava louca."

POR VOCÊS

Caracas, Venezuela, 2 de agosto de 1972

Agora que estamos sozinhos, entre amigos, gostaria de pedir a cumplicidade de todos vocês para que me ajudem a conseguir suportar a lembrança desta tarde, a primeira em minha vida em que vim de corpo presente e em pleno uso de minhas faculdades para fazer ao mesmo tempo duas das coisas que eu tinha prometido a mim mesmo não fazer jamais: receber um prêmio e fazer um discurso.

Sempre acreditei, contra outras opiniões muito respeitáveis, que nós, escritores, não viemos ao mundo para sermos coroados, e muitos de vocês sabem que toda homenagem pública é um princípio de embalsamamento. Sempre acreditei, enfim, que nós, escritores, não somos escritores por nossos próprios méritos, e sim pela desgraça de não conseguirmos ser outra coisa na vida, e que nosso trabalho solitário não deve merecer mais recompensas nem mais privilégios que os que merece o sapateiro por fazer seus sapatos. No entanto, não pensem que venho me desculpar por ter vindo, nem que trato de menosprezar a distinção que me fazem, ao amparo do nome propício de um homem grande e inesquecível das letras da América. Ao contrário: eu vim me regozijar no espetáculo público, por ter conhecido um motivo que abre gretas em meus princípios e amordaça meus escrúpulos: estou aqui, amigos, simplesmente por causa do meu antigo e obstinado afeto por esta terra em que certa vez fui jovem, indocumentado e feliz, como um ato de carinho e solidariedade com meus amigos da Venezuela, amigos generosos, porristas, sacanas e gozadores até a morte. Por eles eu vim, ou seja, por vocês.

Outra pátria diferente
Cidade do México, 22 de outubro de 1982

Recebo a ordem da Águia Asteca com dois sentimentos que não costumam andar juntos: o orgulho e a gratidão. Formaliza-se, desta maneira, o vínculo entranhável que minha esposa e eu estabelecemos com este país que escolhemos para viver há mais de vinte anos. Aqui cresceram meus filhos, aqui escrevi meus livros, aqui plantei minhas árvores.

Nos anos sessenta, quando eu já não era feliz mas continuava sendo indocumentado, amigos mexicanos me ofereceram apoio e infundiram em mim a audácia para continuar escrevendo, em circunstâncias que hoje evoco como um capítulo que esqueci de incluir em *Cem anos de solidão*. Na década passada, quando o êxito e a publicidade excessiva tratavam de perturbar minha vida privada, a discrição e o lendário tato dos mexicanos me permitiram encontrar o sossego necessário e o tempo inviolável para prosseguir sem descanso em meu duro ofício de carpinteiro. Não é, pois, uma segunda pátria, e sim outra pátria diferente, que me foi dada sem condições e sem disputar com minha própria pátria o amor e a fidelidade que professo, e com a nostalgia que me reclama sem trégua.

Mas a honraria que se confere à minha pessoa não apenas me comove por se tratar do país onde vivo e vivi. Sinto, senhor presidente, que esta distinção de seu governo também honra a todos os desterrados que se acolheram no amparo do México. Sei que não tenho representação alguma, e que meu caso é qualquer coisa menos típico. Sei também que as condições atuais da minha residência no México não são as mesmas da imensa maioria dos perseguidos que nesta última década encontraram no México um refúgio providencial. Por desgraça, ainda perduram em nosso continente tiranias remotas e massacres vizinhos, que forçam a um desterro muito menos voluntário e prazeroso que o meu. Falo em meu nome, mas sei que muitos se reconhecerão nas minhas palavras.

Obrigado, senhor, por estas portas abertas. Que nunca se fechem, por favor, sob nenhuma circunstância.

A solidão da América Latina
Estocolmo, Suécia, 8 de dezembro de 1982

Antonio Pigafetta, um navegante florentino que acompanhou Magalhães na primeira viagem ao redor do mundo, ao passar pela nossa América meridional escreveu uma crônica rigorosa que, no entanto, parece uma aventura da imaginação. Contou que havia visto porcos com o umbigo no lombo e uns pássaros sem patas cujas fêmeas usavam as costas dos machos para chocar, e outros como alcatrazes sem língua cujos bicos pareciam uma colher. Contou que havia visto um engendro animal com cabeça e orelhas de mula, corpo de camelo, patas de cervo e relincho de cavalo. Contou que puseram um espelho na frente do primeiro nativo que encontraram na Patagônia e que aquele gigante ensandecido perdeu o uso da razão pelo pavor de sua própria imagem.

Este livro breve e fascinante, no qual já se vislumbram os germes de nossos romances de hoje, está longe de ser o testemunho mais assombroso da nossa realidade daqueles tempos. Os cronistas das Índias nos legaram outros, incontáveis. O Eldorado, nosso país ilusório tão cobiçado, apareceu em numerosos mapas durante longos anos, mudando de lugar e de forma segundo a fantasia dos cartógrafos. Na procura da fonte da Eterna Juventude, o mítico Álvar Núñez Cabeza de Vaca explorou durante oito anos o norte do México, numa expedição lunática cujos membros comeram uns aos outros, e dos 600 que começaram só restaram cinco. Um dos tantos mistérios que nunca foram decifrados é o das onze mil mulas carregadas com cem libras de ouro cada uma, que um dia saíram de Cuzco para pagar o resgate de Atahualpa e nunca chegaram ao seu destino. Mais tarde, durante a colônia, em Cartagena das Índias eram vendidas umas galinhas criadas em terras de aluvião, em cujas moelas apareciam pedrinhas de ouro. Este delírio áureo de nossos fundadores nos perseguiu até há pouco tempo. No século passado, a missão alemã encarregada de estudar a construção de uma estrada de ferro interoceânica no istmo do Panamá concluiu que o projeto era viável, desde que os trilhos não fossem feitos de ferro, que era um metal escasso na região, e sim de ouro.

A independência do domínio espanhol não nos pôs a salvo da demência. O general Antonio López de Santa Anna, que foi três vezes ditador do México, mandou enterrar com funerais magníficos a perna direita que perdeu na chamada Guerra dos Bolos. O general García Moreno governou o Equador durante 16 anos como um monarca absoluto, e seu cadáver foi velado com seu uniforme de gala e sua couraça de condecorações sentado na poltrona presidencial. O general Maximiliano Hernández Martínez, o déspota teósofo de El Salvador que fez exterminar numa matança bárbara 30 mil camponeses, tinha inventado um pêndulo para averiguar se os alimentos estavam envenenados, e mandou cobrir de papel vermelho a iluminação pública para combater uma epidemia de escarlatina. O monumento do general Francisco Morazán, erguido na praça principal de Tegucigalpa, na realidade é uma estátua do marechal Ney, comprada em Paris num depósito de esculturas usadas.

Há onze anos, um dos poetas insignes do nosso tempo, o chileno Pablo Neruda, iluminou este espaço com sua palavra. Nas boas consciências da Europa, e às vezes também nas más, irromperam desde então, com mais ímpeto que nunca, as notícias fantasmagóricas da América Latina, essa pátria imensa de homens alucinados e mulheres históricas, cuja tenacidade sem fim se confunde com a lenda. Não tivemos um só instante de sossego. Um presidente prometeico, entrincheirado em seu palácio em chamas, morreu lutando sozinho contra um exército inteiro, e dois desastres aéreos suspeitos e nunca esclarecidos ceifaram a vida de outro de coração generoso, e a de um militar democrata que havia restaurado a dignidade de seu povo. Neste lapso houve cinco guerras e 17 golpes de estado, e surgiu um ditador luciferino que em nome de Deus levou adiante o primeiro etnocídio da América Latina em nosso tempo. Enquanto isso, 20 milhões de crianças latino-americanas morreram antes de fazer dois anos, mais do que todas as crianças que nasceram na Europa Ocidental desde 1970. Os desaparecidos pela repressão somam quase 120 mil: é como se hoje ninguém soubesse onde estão todos os habitantes da cidade de Upsala. Numerosas mulheres presas grávidas deram à luz em cárceres argentinos, mas ainda se ignora o paradeiro e a identidade de seus filhos, que foram dados em adoção clandestina ou internados em orfanatos pelas autoridades militares. Por não querer que as coisas continuassem assim, morreram cerca de duzentas mil mulheres e homens em todo o continente, e mais de cem mil pereceram em três pequenos e voluntariosos países da América Central — Nicarágua, El Salvador e Guatemala. Se fosse nos Estados Unidos, a cifra proporcional seria de um milhão e 600 mil mortes violentas em quatro anos.

Do Chile, país de tradições hospitaleiras, fugiram um milhão de pessoas: dez por cento de sua população. O Uruguai, uma nação minúscula de dois milhões e meio de habitantes e que era considerado o país mais civilizado do continente, perdeu no desterro um de cada cinco cidadãos. A guerra civil em El Salvador produziu, desde 1979, quase um refugiado a cada 20 minutos. O país que poderia ser feito com todos os exilados e emigrados forçados da América Latina teria uma população mais numerosa que a da Noruega.

Eu me atrevo a pensar que é esta realidade descomunal, e não só a sua expressão literária, que este ano mereceu a atenção da Academia Sueca de Letras. Uma realidade que não é a do papel, mas que vive conosco e determina cada instante de nossas incontáveis mortes cotidianas, e que sustenta um manancial de criação insaciável, pleno de desdita e de beleza, e do qual este colombiano errante e nostálgico não passa de uma cifra assinalada pela sorte. Poetas e mendigos, músicos e profetas, guerreiros e malandros, todos nós, criaturas daquela realidade desaforada, tivemos que pedir muito pouco à imaginação, porque para nós o maior desafio foi a insuficiência dos recursos convencionais para tornar nossa vida acreditável. Este é, amigos, o nó da nossa solidão.

Pois se estas dificuldades nos deixam — nós, que somos da sua essência — atordoados, não é difícil entender que os talentos racionais deste lado do mundo, extasiados na contemplação de suas próprias culturas, tenham ficado sem um método válido para nos interpretar. É compreensível que insistam em nos medir com a mesma vara com que se medem, sem recordar que os estragos da vida não são iguais para todos, e que a busca da identidade própria é tão árdua e sangrenta para nós como foi para eles. A interpretação da nossa realidade a partir de esquemas alheios só contribui para tornar-nos cada vez mais desconhecidos, cada vez menos livres, cada vez mais solitários. Talvez a Europa venerável fosse mais compreensiva se tratasse de nos ver em seu próprio passado. Se recordasse que Londres precisou de trezentos anos para construir sua primeira muralha e de outros trezentos para ter um bispo, que Roma se debateu nas trevas da incerteza durante vinte séculos até que um rei etrusco a implantasse na História, e que em pleno século XVI os pacíficos suíços de hoje, que nos deleitam com seus queijos mansos e seus relógios impávidos, ensanguentaram a Europa com seus mercenários. Ainda no apogeu do Renascimento, doze mil lansquenetes a soldo dos exércitos imperiais saquearam e devastaram Roma, e passaram na faca oito mil de seus habitantes.

Não pretendo encarnar as ilusões de Tonio Kröger, cujos sonhos de união entre um norte casto e um sul apaixonado Thomas Mann exaltava há 53 anos neste mesmo lugar. Mas creio que os europeus de espírito esclarecedor, os que também aqui lutam por uma pátria grande mais humana e mais justa, poderiam ajudar-nos melhor se revisassem a fundo sua maneira de nos ver. A solidariedade com nossos sonhos não nos fará sentir menos solitários enquanto não se concretize com atos de respaldo legítimo aos povos que assumam a esperança de ter uma vida própria na divisão do mundo.

A América Latina não quer nem tem por que ser um peão sem rumo ou decisão, nem tem nada de quimérico que seus desígnios de independência e originalidade se convertam em uma aspiração ocidental.

Não obstante, os progressos da navegação que reduziram tanto as distâncias entre nossas Américas e a Europa parecem haver aumentado nossa distância cultural. Por que a originalidade que é admitida sem reservas em nossa literatura nos é negada com todo tipo de desconfiança em nossas tentativas tão difíceis de mudança social? Por que pensar que a justiça social que os europeus mais progressistas tratam de impor em seus países não pode ser também um objetivo latino-americano, com métodos distintos e em condições diferentes? Não: a violência e a dor desmedidas da nossa história são o resultado de injustiças seculares e amarguras sem conta, e não uma confabulação urdida há três mil léguas da nossa casa. Mas muitos dirigentes e pensadores europeus acreditaram nisso, com o infantilismo dos avós que esqueceram as loucuras frutíferas de sua juventude, como se não fosse possível outro destino além de viver à mercê dos dois grandes donos do mundo. Este é, amigos, o tamanho da nossa solidão.

E ainda assim, diante da opressão, do saqueio e do abandono, nossa resposta é a vida. Nem os dilúvios, nem as pestes, nem a fome, nem os cataclismos, nem mesmo as guerras eternas através dos séculos e séculos conseguiram reduzir a vantagem tenaz da vida sobre a morte. Uma vantagem que aumenta e se acelera: a cada ano há 74 milhões de nascimentos a mais que mortes, uma quantidade de novos vivos suficiente para aumentar sete vezes, a cada ano, a população de Nova York. A maioria deles nasce nos países com menos recursos, e entre eles, é claro, os da América Latina. Enquanto isso, os países mais prósperos conseguiram acumular um poder de destruição suficiente para aniquilar cem vezes não apenas todos os seres humanos que existiram até hoje, mas a totalidade de seres vivos que passaram por este planeta de infortúnios.

Num dia como o de hoje, meu mestre William Faulkner disse neste mesmo lugar: "Eu me nego a admitir o fim do homem." Não me sentiria digno de ocupar este lugar que foi dele se não tivesse a consciência plena de que, pela primeira vez desde as origens da humanidade, o desastre colossal que ele se negava a admitir há 32 anos é, hoje, nada mais que uma simples possibilidade científica. Diante desta realidade assombrosa, que através de todo o tempo humano deve ter parecido uma utopia, nós, os inventores de fábulas que acreditamos em tudo, nos sentimos no direito de acreditar que ainda não é demasiado tarde para nos lançarmos na criação da utopia contrária. Uma nova e arrasadora utopia da vida, onde ninguém possa decidir pelos outros até mesmo a forma de morrer, onde de verdade seja certo o amor e seja possível a felicidade, e onde as estirpes condenadas a cem anos de solidão tenham, enfim e para sempre, uma segunda oportunidade sobre a terra.

Brinde à poesia
Estocolmo, Suécia, 10 de dezembro de 1982

Agradeço à Academia de Letras da Suécia por haver me distinguido com um prêmio que me coloca junto a muitos dos que orientaram e enriqueceram meus anos de leitor e de celebrante cotidiano deste delírio sem remédio que é o ofício de escrever. Seus nomes e suas obras se apresentam hoje para mim como sombras tutelares, mas também como o compromisso, frequentemente angustiante, que se adquire com esta honra. Uma dura honra que neles sempre me pareceu de simples justiça, mas que em mim entendo como mais uma dessas lições com as quais o destino costuma nos surpreender, e que fazem mais evidente nossa condição de joguetes de um fado indecifrável, cuja única e desoladora recompensa costuma ser, na maioria das vezes, a incompreensão e o esquecimento.

Por isso é natural que eu me interrogasse, lá naquele bastidor secreto onde costumamos enfrentar-nos às verdades mais essenciais que conformam nossa identidade, qual terá sido o sustento constante da minha obra, o que pode ter chamado a atenção, de forma tão comprometedora, desse tribunal de árbitros tão severos. Confesso sem falsas modéstias que não foi fácil encontrar a razão, mas quero crer que tenha sido a que eu gostaria. Quero crer, amigos, que esta é, uma vez mais, uma homenagem rendida à poesia. À poesia, por cuja virtude o inventário assustador das naus que o velho Homero enumerou em sua Ilíada está visitado por um vento que as empurra a navegar com sua presteza intemporal e alucinada. À poesia, que retém, no delgado andaime dos tercetos de Dante, toda a fábrica densa e colossal da Idade Média. À poesia, que com tão milagrosa totalidade resgata nossa América nas "Alturas de Macchu Picchu", de Pablo Neruda, o grande, o maior, e onde destilam sua tristeza milenar nossos melhores sonhos sem saída. À poesia, enfim, a essa energia secreta da vida cotidiana, que cozinha seus grãos e contagia o amor e repete as imagens nos espelhos.

Em cada linha que escrevo trato sempre, com maior ou menor fortuna, de invocar os espíritos esquivos da poesia, e trato de deixar em cada palavra o testemunho de minha devoção pelas suas virtudes de adivinhação e pela sua permanente vitória sobre os surdos poderes da morte. Entendo que o prêmio que acabo de receber, com toda humildade, é a consoladora revelação de que meu intento não foi em vão. É por isso que convido todos a brindar por aquilo que um grande poeta das nossas Américas, Luis Cardoza y Aragón, definiu como a única prova concreta da existência do homem: a poesia. Muito obrigado.

PALAVRAS PARA UM NOVO MILÊNIO
Havana, Cuba, 29 de novembro de 1985

Eu sempre me perguntei para que servem os encontros de intelectuais. Além dos muito escassos que tiveram um significado histórico real em nosso tempo, como o que aconteceu em Valência, na Espanha, em 1937, a maioria não passa de simples entretenimento de salão. E, no entanto, surpreende que aconteçam tantos, e em número cada vez maior, mais concorridos e custosos conforme a crise mundial recrudesce. Um Prêmio Nobel de Literatura garante haver recebido até agora este ano quase dois mil convites para congressos de escritores, festivais de arte, colóquios, seminários de toda índole: mais de três por dia, em lugares dispersos pelo mundo inteiro. Há um congresso institucional, de frequência constante e com todas as despesas pagas, cujas reuniões se sucedem a cada ano em trinta e um lugares diferentes, alguns tão agradáveis como Roma ou Adelaide, ou tão surpreendentes como Stavanger ou Yverdon, ou alguns que mais parecem desafios de palavras cruzadas, como Polyphénix ou Knokke. São tantos, enfim, e sobre tantos e tão variados temas, que no ano passado celebrou-se no castelo de Mouiden, em Amsterdam, um congresso mundial de organizadores de congressos de poesia. Não é inverossímil: um intelectual complacente poderia nascer dentro de um congresso e continuar crescendo e amadurecendo em outros congressos sucessivos, sem outras pausas além das necessárias para ir de um a outro, até morrer de boa velhice em seu congresso final.

No entanto, talvez já seja demasiado tarde para tratar de interromper este costume que nós, artesãos da cultura, arrastamos através da história desde que Píndaro ganhou os Jogos Olímpicos. Eram os tempos em que o corpo e o espírito andavam mais companheiros que hoje, de modo que as vozes dos bardos eram tão apreciadas nos estádios como as façanhas dos atletas. Já os romanos, desde 508 antes de Cristo, devem ter vislumbrado que o abuso dos jogos era seu maior perigo. Pois por aqueles anos instauraram os Jogos Seculares, e mais tarde os Jogos Terentinos, que eram celebrados com uma periodicidade que seria exemplar hoje: a cada cem ou a cada cento e três anos.

Congressos de cultura, já na Idade Média, eram também os debates e torneios de bufões, depois os de trovadores, e mais tarde os dos bufões e trovadores ao mesmo tempo, com os quais se iniciou uma tradição que ainda padecemos amiúde: começavam sendo jogos e terminavam sendo brigas. Mas também alcançaram tal esplendor, que sob o reinado de Luis XIV eram inaugurados com um banquete colossal, cuja evocação aqui — juro — não pretende ser uma sugestão velada: eram servidos dezenove bois, três mil bolos e mais de duzentas barricas de vinho.

A culminação desse concerto de bufões e trovadores foram os Jogos Florais de Toulouse, o mais antigo e persistente dos encontros poéticos — modelo de continuidade — instaurado há seiscentos e sessenta anos. Sua fundadora, Clemência Isaura, foi uma mulher inteligente, empreendedora e bela, cuja única falha parecer ser a de não ter existido jamais: talvez tenha sido pura invenção de sete trovadores que criaram o certame num esforço para impedir a extinção da poesia provençal. Mas sua própria inexistência é uma prova a mais do poder criador da poesia, pois em Toulouse existe uma tumba de Clemência Isaura na igreja de Dourada, e uma rua com seu nome e um monumento em sua memória.

Dito isto, temos o direito de nos perguntar: o que estamos fazendo aqui? E principalmente: o que faço eu encarapitado nesse poleiro de honra, eu que sempre considerei os discursos como o mais terrorífico dos compromissos humanos? Não me atrevo a insinuar uma resposta, mas uma proposta: estamos aqui para tentar que um encontro de intelectuais tenha aquilo que a imensa maioria deles não teve: utilidade prática e continuidade.

Para começar, existe algo que o diferencia. Além de escritores, pintores, músicos, sociólogos, historiadores, há neste encontro um grupo de cientistas esclarecidos. Ou seja: nos atrevemos a desafiar o contubérnio tão temido das ciências e das artes; a misturar numa mesma caldeira aqueles que ainda confiamos na clarividência dos presságios e aqueles que só acreditam nas verdades verificáveis: a muito antiga adversidade entre a inspiração e a experiência, entre o instinto e a razão. Saint-John Perse, em seu memorável discurso do Prêmio Nobel, derrotou este falso dilema com uma única frase: "Tanto no cientista como no poeta", disse, "é preciso honrar o desinteresse do pensamento." Que pelo menos aqui não continuem sendo considerados irmãos inimigos, pois a interrogação de ambos é a mesma, sobre um mesmo abismo.

A ideia de que a ciência só concerne aos cientistas é tão anticientífica como é antipoético pretender que a poesia só concerne aos poetas. Nesse sentido, o nome da Unesco — Organização das Nações Unidas para a Educação, a Ciência e a Cultura — arrasta pelo mundo uma grave inexatidão, dando por feito que as três coisas são diferentes, quando na realidade são uma só. Pois a cultura é a força totalizadora da criação: o aproveitamento social da inteligência humana. Ou como disse Jack Lang sem maiores rodeios: "A cultura é tudo." Bem-vindos, pois, bem-vindos todos juntos à casa de todos.

Não me atrevo a sugerir nada além de alguns motivos de reflexão para estes três dias de retiros espirituais. E me atrevo a recordar a vocês, em primeiro lugar, algo que talvez recordem de sobra: qualquer decisão a médio prazo que se tome nestes tempos derradeiros já é uma decisão para o século XXI. No entanto, nós, latino-americanos e caribenhos, nos aproximamos dele com a sensação desoladora de termos saltado o século XX: nós padecemos o século XX sem tê-lo vivido. Meio mundo celebrará o amanhecer do ano 2001 como uma culminação milenar, enquanto nós mal começamos a vislumbrar os benefícios da revolução industrial. As crianças que hoje estão na escola primária preparando-se para reger nossos destinos na centúria que vem aí continuam condenadas a contar com os dedos da mão, como os contadores da mais remota antiguidade, enquanto já existem computadores capazes de fazer cem mil operações aritméticas por segundo. Ao mesmo tempo, perdemos em cem anos as melhores virtudes humanas do século XIX: o idealismo febril e a prioridade dos sentimentos: o susto do amor.

Em algum momento do próximo milênio a genética vislumbrará a eternidade da vida humana como uma realidade possível, a inteligência eletrônica sonhará com a aventura quimérica de escrever uma nova *Ilíada*, e em sua casa da Lua haverá um casal de apaixonados de Ohio ou da Ucrânia, angustiados de nostalgia, que se amarão em jardins de vidro à luz da Terra. A América Latina e o Caribe, porém, perecem condenados à servidão do presente: o caos telúrico, os cataclismos políticos e sociais, as urgências imediatas da vida diária, das dependências de toda índole, da pobreza e da injustiça, não nos deixaram muito tempo para assimilar as lições do passado nem pensar no futuro. O escritor argentino Rodolfo Terragno fez a síntese desse drama: "Somos usuários de raios X e transistores, tubos catódicos e memórias eletrônicas, mas não incorporamos os fundamentos da cultura contemporânea em nossa própria cultura."

Por sorte, a reserva determinante da América Latina e do Caribe é uma energia capaz de mover o mundo: a perigosa memória dos nossos povos. É um imenso patrimônio cultural anterior a toda matéria-prima, uma matéria primária de caráter múltiplo que acompanha cada passo das nossas vidas. É uma cultura de resistência que se expressa nos esconderijos da linguagem, nas virgens mulatas — nossas padroeiras artesanais —, verdadeiros milagres do povo contra o poder clerical colonizador. É uma cultura da solidariedade, que se expressa diante dos excessos criminosos da nossa natureza indômita, ou na insurgência dos povos pela sua identidade e pela sua soberania. É uma cultura de protesto nos rostos indígenas dos anjos artesanais de nossos templos, ou na música das neves perpétuas que trata de conjurar com a nostalgia os surdos poderes da morte. É uma cultura da vida cotidiana que se expressa na imaginação da cozinha, do modo de vestir, da superstição criativa, das liturgias íntimas do amor. É uma cultura de festa, de transgressão, de mistério, que rompe a camisa de força da realidade e reconcilia, enfim, o raciocínio e a imaginação, a palavra e o gesto, e demonstra de fato que não há conceito que cedo ou tarde não seja ultrapassado pela vida. Esta é a força do nosso atraso. Uma energia de novidade e de beleza que nos pertence por completo, e com a qual nos bastamos a nós mesmos, que não poderá ser domesticada nem pela voracidade imperial, nem pela brutalidade do opressor interno, nem mesmo por nossos próprios medos imemoriais de traduzir em palavras os sonhos mais recônditos. Até a própria revolução é uma obra cultural, a expressão total de uma vocação e de uma capacidade criadoras que justificam e exigem de todos nós uma profunda confiança no porvir.

Este seria algo mais que mais um dos tantos encontros que acontecem todos os dias no mundo se conseguirmos ao menos vislumbrar novas formas de organização prática para canalizar o aluvião irresistível da criatividade de nossos povos, o intercâmbio real e a solidariedade entre nossos criadores, uma continuidade histórica e uma mais ampla e profunda utilidade social da criação intelectual, o mais misterioso e solitário dos ofícios humanos. Seria, enfim, uma contribuição decisiva à inadiável determinação política de saltar por cima de cinco séculos alheios e de entrar pisando firme, com um horizonte milenar, no milênio iminente.

O CATACLISMO DE DÂMOCLES
Ixtapa-Zihuatanejo, México, 6 de agosto de 1986

Um minuto depois da última explosão, mais da metade dos seres humanos terá morrido, o pó e a fumaça dos continentes em chamas derrotarão a luz solar, e as trevas absolutas voltarão a reinar no mundo. Um inverno de chuvas alaranjadas e furacões gelados inverterá o tempo dos oceanos e dará volta no curso dos rios, cujos peixes terão morrido de sede nas águas ardentes, e cujos pássaros não encontrarão o céu. As neves perpétuas cobrirão o deserto do Saara, a vasta Amazônia desaparecerá da face do planeta destruída pelo granizo, e a era do rock e dos corações transplantados estará de regresso à sua infância glacial. Os poucos seres humanos que sobrevivam ao espanto, e os que tiverem o privilégio de um refúgio seguro às três da tarde da segunda-feira aziaga da catástrofe magna, só terão salvado a vida para depois morrer pelo horror de suas recordações. A criação haverá terminado. No caos final da umidade e das noites eternas, o único vestígio do que foi a vida serão as baratas.

* * *

Senhores presidentes, senhores primeiros-ministros, amigas, amigos:

Isto não é um mau plágio do delírio de João em seu desterro de Patmos, mas a visão antecipada de um desastre cósmico que pode acontecer neste mesmo instante: a explosão — dirigida ou acidental — de somente uma parte mínima do arsenal nuclear que dorme com um olho e vela com outro nos paióis das grandes potências.

É isso. Hoje, 6 de agosto de 1986, existem no mundo mais de cinquenta mil ogivas nucleares engatilhadas. Em termos caseiros, isto quer dizer que cada ser humano, sem excluir as crianças, está sentado num barril com umas quatro toneladas de dinamite cuja explosão total pode eliminar doze vezes todo rastro de vida na Terra. A potência de aniquilação desta ameaça colossal, que pende sobre nossas cabeças como um cataclismo de Dâmocles, permite a possibilidade teórica de inutilizar quatro planetas a mais dos que giram ao redor do Sol e de influir no equilíbrio do sistema solar. 'Nenhuma ciência, nenhuma arte, nenhuma indústria se multiplicou tantas vezes como a indústria nuclear desde a sua origem', há quarenta e um anos, e nenhuma outra criação do engenho humano teve jamais tanto poder de determinação sobre o destino do mundo.

O consolo único destas simplificações apavoradoras — se é que nos servem para algo — é comprovar que a preservação da vida humana na Terra continua sendo ainda mais barata que a peste nuclear, pois, com o simples fato de existir, o tremendo Apocalipse cativo nos silos da morte dos países mais ricos está desperdiçando as possibilidades de uma vida melhor para todos.

Na assistência infantil, por exemplo, isto é uma verdade de aritmética primária. A Unicef calculou, em 1981, um programa para resolver os problemas essenciais das 500 milhões de crianças mais pobres do mundo. Compreendia a assistência sanitária básica, a educação elementar, a melhora das condições higiênicas, de abastecimento de água potável e de alimentação. Tudo isso parecia um sonho impossível de 100 bilhões de dólares. No entanto, esse é apenas o custo de cem bombardeiros estratégicos B-1B, e de menos de sete mil foguetes Cruzeiro, em cuja produção o governo dos Estados Unidos vai investir 21 bilhões e 200 milhões de dólares.

Na saúde, por exemplo: com o custo de dez porta-aviões nucleares Nimitz, dos quinze que os Estados Unidos vão fabricar antes do ano 2000, poderia se realizar um programa preventivo que protegeria, nesses mesmos catorze anos, mais de um bilhão de pessoas contra o paludismo e evitaria a morte — só na África — de mais de catorze milhões de crianças.

Na alimentação, por exemplo: no ano passado havia no mundo, segundo cálculos da FAO, umas 575 milhões de pessoas com fome. Sua média calórica indispensável teria custado menos que 149 foguetes MX, dos duzentos e vinte e três que serão instalados na Europa ocidental. Com 27 deles se poderiam comprar os equipamentos agrícolas necessários para que os países pobres adquirissem a suficiência alimentar nos próximos quatro anos. Esse programa, além do mais, não chegaria a custar nem a nona parte do orçamento militar soviético de 1982.

Na educação, por exemplo: só com dois submarinos atômicos Trident, dos vinte e cinco que o atual governo dos Estados Unidos planeja fabricar, ou com uma quantidade similar dos submarinos Tufão que a União Soviética está construindo, seria possível finalmente tentar realizar a fantasia da alfabetização mundial. Por outra parte, a construção das escolas e a qualificação dos professores que farão falta ao Terceiro Mundo para atender às demandas adicionais da educação dos dez próximos anos poderiam ser pagos com o custo de duzentos e quarenta e cinco foguetes Trident II, e ainda ficaria sobrando o equivalente a quatrocentos e dezenove foguetes para o mesmo incremento da educação nos quinze anos seguintes.

Pode-se dizer, enfim, que o cancelamento da dívida externa do Terceiro Mundo inteiro, e sua recuperação econômica durante dez anos, custaria pouco mais que a sexta parte dos gastos militares do mundo nesse mesmo espaço de tempo. Contudo, diante deste descomunal desperdício econômico, é ainda mais inquietante e doloroso o desperdício humano: a indústria da guerra mantém em cativeiro o maior contingente de sábios jamais reunido para tarefa alguma na história da humanidade. Gente nossa, cujo lugar natural não é lá mas aqui, nesta mesa, e cuja libertação é indispensável para que nos ajudem a criar, no âmbito da educação e da justiça, a única coisa que pode nos salvar da barbárie: uma cultura da paz.

Apesar destas certezas dramáticas, a corrida das armas não se concede um instante de trégua. Agora mesmo, enquanto almoçamos, foi construída uma nova ogiva nuclear. Amanhã, quando acordarmos, haverá mais nove nas guarnições da morte do hemisfério dos ricos. E o que custará uma só delas seria suficiente — nem que fosse apenas por um domingo de outono — para perfumar de sândalo as cataratas do Niágara.

Um grande romancista do nosso tempo se perguntou uma vez se a Terra não seria o inferno dos outros planetas. Talvez seja muito menos: uma aldeia sem memória, largada de mão por seus deuses no último subúrbio da grande pátria universal. Mas a suspeita crescente de que este é o único lugar do sistema solar onde se deu a prodigiosa aventura da vida nos arrasta sem piedade a uma conclusão desalentadora: a corrida das armas vai no sentido contrário da inteligência.

E não apenas da inteligência humana, mas da própria inteligência da natureza, cuja finalidade escapa inclusive à clarividência da poesia. Desde a aparição da vida visível na Terra foi preciso que se passassem trezentos e oitenta milhões de anos para fabricar uma rosa sem outro compromisso que o de ser bela, e quatro eras geológicas para que os seres humanos — à diferença do bisavô Pitecantropo — fossem capazes de cantar melhor que os pássaros e morrer de amor. Não é nada honroso para o talento humano, na idade de ouro da ciência, ter concebido a maneira pela qual um processo multimilenar tão dispendioso e colossal possa regressar ao nada de onde veio, pela simples arte de oprimir um botão.

Para tratar de impedir que isso aconteça estamos aqui, somando nossas vozes às inumeráveis vozes que clamam por um mundo sem armas e por uma paz com justiça. Mas mesmo que isso aconteça — e mais ainda se acontecer —, não será totalmente inútil que estejamos aqui. Dentro de milhões e milhões de milênios depois da explosão, uma salamandra triunfal, que terá tornado a percorrer a escala completa das espécies, talvez seja coroada como a mulher mais formosa da nova criação. De nós depende, homens e mulheres de ciência, homens e mulheres das artes e das letras, homens e mulheres da inteligência e da paz, de todos nós depende que os convidados para essa coroação quimérica não compareçam a essa festa com nossos mesmos temores de hoje. Com toda modéstia, mas também com toda a determinação do espírito, proponho assumir agora e aqui o compromisso de conceber e fabricar uma arca da memória capaz de sobreviver ao dilúvio atômico. Uma garrafa de náufragos siderais arrojada aos oceanos do tempo, para que a nova humanidade que virá fique sabendo, por nós, o que as baratas não haverão de contar: que aqui existiu a vida, que nela prevaleceu o sofrimento e predominou a injustiça, mas que também conhecemos o amor e fomos até capazes de imaginar a felicidade. E que também fique sabendo, e faça saber para todos os tempos, quem foram os culpados pelo nosso desastre, e como foram surdos diante de nossos clamores de paz para que esta fosse a melhor das vidas possíveis, e com que inventos tão bárbaros, e por quais interesses tão mesquinhos, essa nossa vida foi apagada do universo.

Uma ideia indestrutível
Havana, Cuba, 4 de dezembro de 1986

Tudo começou com as duas torres de alta tensão que estão na entrada desta casa. Duas torres horrorosas, feito girafas de concreto bárbaro, que um funcionário sem coração mandou plantar dentro do jardim frontal sem ao menos prevenir seus donos legítimos, e que sustentam sobre nossas cabeças, neste exato momento, uma corrente de alta tensão de cento e dez milhões de watts, o suficiente para manter acesos um milhão de receptores de televisão ou vinte e três mil projetores de cinema de trinta e cinco milímetros. Alarmado com a notícia, o presidente Fidel Castro esteve aqui faz uns seis meses, tratando de ver se havia alguma forma de endireitar o torcido, e foi assim que descobrimos que a casa era boa para albergar os sonhos da Fundação do Novo Cine Latino-Americano.

As torres continuam aí, é claro, cada vez mais abomináveis, enquanto a casa foi sendo embelezada. Tentamos mascará-las com palmeiras imperiais, com ramalhetes floridos, mas sua feiura é tão evidente que se impõe sobre qualquer artifício. A única coisa que nos ocorre, como derradeiro recurso para converter nossa derrota em vitória, é rogar a vocês que não as vejam como elas são, mas como uma escultura irremediável.

Só depois de adotá-la como sede da Fundação do Novo Cine Latino-Americano soubemos que a história desta casa não começava nem terminava com essas torres, e que muito do que se conta sobre ela não é verdade nem é mentira. É cinema. Pois, como vocês já devem ter vislumbrado, foi aqui que Tomás Gutiérrez Alea filmou *Os sobreviventes*, um filme que, oito anos depois de sua realização e vinte e sete do triunfo da Revolução Cubana, não é uma verdade a mais na história da imaginação nem uma mentira a menos na história de Cuba, mas parte desta terceira realidade entre a vida real e a pura invenção que é a realidade do cinema.

De maneira que poucas casas poderiam ser tão propícias como esta para empreender, a partir dela, nosso objetivo final, que é nada menos que o de lograr a integração do cinema latino-americano. Simples assim, e assim desmedido. E ninguém poderia condenar-nos pela simplicidade, mas pela desmesura de nossos passos iniciais neste primeiro ano de vida, que por casualidade se cumpre hoje, dia de Santa Bárbara, que, também por artes de santidade e dos orixás, é o nome original dessa casa.

Semana que vem a Fundação do Novo Cine Latino-Americano vai receber do Estado cubano uma doação que jamais nos cansaremos de agradecer, tanto por sua generosidade sem precedentes e por ser tão oportuna, como pela dedicação pessoal do cineasta menos conhecido do mundo: Fidel Castro. Estou me referindo à Escola Internacional de Cinema e Televisão, em San Antonio de los Baños, preparada para formar profissionais da América Latina, Ásia e África, com os melhores recursos da técnica atual. A construção da sede está terminada, oito escassos meses depois de ter começado. Os professores de diferentes países do mundo estão contratados, os estudantes estão escolhidos, e a maioria deles já está aqui conosco. Fernando Birri, o diretor da escola, que não se destaca pelo seu sentido da irrealidade, a definiu há pouco para o presidente argentino Raúl Alfonsín — e sem que um único músculo de sua cara de santo tremesse — como "a melhor escola de cinema e televisão da história do mundo".

Esta será, pela sua própria natureza, a mais importante e ambiciosa das nossas iniciativas, mas não será a única, pois a formação de profissionais sem trabalho seria uma forma demasiado cara de fomentar o desemprego. Portanto, neste primeiro ano começamos a assentar as bases para uma vasta empresa de promoção do enriquecimento do âmbito criativo do cinema e da televisão na América Latina, cujos passos iniciais são os seguintes:

Coordenamos com produtores privados a produção de dois longas-metragens de ficção e três documentários longos, todos dirigidos por realizadores latino-americanos, e um pacote de cinco contos de uma hora cada um, para televisão, realizado por cinco diretores de cinema ou televisão de diferentes países da América Latina.

Estamos, nesses dias, lançando convocatórias para ajudar jovens cineastas da América Latina que não tenham podido realizar ou terminar seus projetos de cinema e televisão.

Temos gestões adiantadas para a aquisição de uma sala de cinema em cada país da América Latina, e talvez em algumas capitais da Europa, destinadas à exibição permanente e ao estudo do cinema latino-americano de todos os tempos.

Estamos promovendo em cada país da América Latina um concurso anual de cineclubistas, através das respectivas seções da fundação, como um modo de captação precoce de vocações e como uma forma de a Escola Internacional de Cinema e Televisão selecionar seus alunos no futuro.

Estamos patrocinando uma pesquisa científica sobre a situação do cinema e da televisão na América Latina, a criação de um banco de informação audiovisual sobre o cinema latino-americano, e a primeira filmoteca do cinema independente do Terceiro Mundo.

Estamos patrocinando a elaboração de uma história integral do cinema latino-americano e de um dicionário para a unificação do vocabulário cinematográfico e de televisão em língua castelhana.

A seção mexicana da Fundação já iniciou a publicação que recolhe, país por país, os principais artigos e documentos do Novo Cine Latino-Americano.

No marco deste Festival de Cinema de Havana, nos propomos a fazer um chamado aos governos da América Latina e a seus organismos de cinema, para que tentem uma reflexão criativa sobre alguns pontos de suas leis de proteção aos cinemas nacionais, que em muitos casos servem mais para estorvar que para proteger, e que em termos gerais vão no sentido contrário ao da integração do cinema latino-americano.

Entre 1952 e 1955, quatro dos que hoje estamos a bordo deste barco estudávamos no Centro Experimental de Cinematografia de Roma: Julio García Espinosa, vice-ministro de Cultura de Cuba para o cinema; Fernando Birri, sumo pontífice do Novo Cine Latino-Americano; Tomás Gutiérrez Alea, um de seus ourives mais notáveis, e eu, que não queria outra coisa na vida que ser o diretor de cinema que nunca fui. Já naquele tempo falávamos, quase tanto como hoje, do cinema que era preciso fazer na América Latina, e de como deveria ser feito, e nossos pensamentos estavam inspirados no neorrealismo italiano, que é — como deveria ser o nosso — o cinema com menos recursos e o mais humano jamais feito. Mas, sobretudo, já naquela época tínhamos consciência de que o cinema da América Latina, se quisesse existir de verdade, só podia ser um. O fato de que nesta tarde a gente continue aqui, feito malucos falando a mesma coisa e com o mesmo assunto depois de trinta anos, e que estejam conosco falando da mesma coisa tantos latino-americanos de todas as partes e de gerações diferentes, eu gostaria de ressaltar isso como uma prova a mais do poder impositivo de uma ideia indestrutível.

Naqueles dias de Roma, vivi minha única aventura numa equipe de direção de cinema. Fui escolhido na escola para ser o terceiro assistente do diretor Alessandro

Blasetti no filme *Bela e canalha*, e isso me deu uma grande alegria, não tanto pelo meu progresso pessoal mas pela oportunidade de conhecer a atriz principal do filme, Sofia Loren. Só que eu nunca a vi, porque meu trabalho consistiu, durante um mês, em segurar uma corda na esquina para que os curiosos não passassem. É com este título de bons serviços, e não com os muitos e trovejantes que tenho pelo meu ofício de escritor, que agora me atrevo a ser tão presidente desta casa como nunca fui na minha, e a falar em nome de tantas e tão meritórias pessoas do cinema.

Esta é a casa de vocês, a casa de todos, onde a única coisa que falta para ser completa é um letreiro que seja visto no mundo inteiro, e que diga com letras urgentes: "Aceitam-se doações."

Vamos entrando.

PREFÁCIO PARA UM NOVO MILÊNIO
Caracas, Venezuela, 4 de março de 1990

Esta exposição temerária é inaugurada num momento histórico em que a humanidade começa a ser diferente. Quando Milagros Maldonado a concebeu, há uns três anos, o mundo ainda estava nas penumbras do século XX, um dos mais funestos deste milênio moribundo. O pensamento era cativo de dogmas irreconciliáveis e ideologias utilitárias, semeadas no papel mas não no coração das pessoas, e cujo signo maior era a ficção conformista de que estávamos na plenitude da aventura humana. De repente, um vendaval de não se sabe onde começou a esfacelar esse colosso com pés de barro e nos fez compreender que vínhamos pelo caminho errado, sabe-se lá desde quando. Mas ao contrário do que poderia parecer, estes não são os prelúdios de um desconcerto, mas exatamente o contrário: o longo amanhecer de um mundo presidido pela libertação total do pensamento, para que ninguém seja governado por ninguém mais que sua própria cabeça.

Pode ser que nossos antepassados pré-colombianos tenham vivido uma experiência similar a esta em 1492, quando um punhado de navegantes europeus se encontrou nestas terras atravessadas no caminho das Índias. Nossos remotos avós não conheciam a pólvora nem a bússola, mas sabiam falar com os pássaros e averiguar o futuro no fundo dos cântaros, ou talvez tenham suspeitado, olhando as estrelas nas noites imensas da sua época, que a Terra era redonda feito uma laranja, pois ignoravam os grandes segredos da sabedoria de hoje, mas já eram mestres da imaginação.

Foi assim que se defenderam dos invasores com a lenda vivencial do El Dorado, um império fantástico cujo rei mergulhava na lagoa sagrada com o corpo coberto de pó de ouro. Os invasores perguntavam onde ficava o El Dorado, e nossos antepassados apontavam o rumo com os cinco dedos estendidos. "Por aqui, por ali, por lá", diziam. Os caminhos se multiplicavam, se confundiam, mudavam de direção, sempre mais longe, sempre além, sempre um pouquinho mais. Tornavam-se tão impossíveis como seria possível para que os buscadores enlouquecidos pela cobiça passassem ao largo e perdessem o rastro, sem caminhos de regresso. Ninguém encontrou nunca o El Dorado, ninguém o viu, nunca existiu, mas seu nascimento pôs um fim à Idade Média e abriu caminho para uma das grandes idades do mundo. Seu nome já basta para indicar o tamanho da mudança: o Renascimento.

Cinco séculos mais tarde, a humanidade foi forçada outra vez a sentir o estremecimento de que uma nova era começava, quando Neil Armstrong deixou sua pegada na Lua. Estávamos com o coração na mão, no verão solar de Pantelaria, uma ilha desértica ao sul da Sicília, vendo na televisão aquela bota quase mítica que procurava às cegas a superfície lunar. Éramos dois casais europeus, com suas crianças, e dois casais da América Latina, com as nossas. Após uma espera intensa, a bota extralunar pousou sua planta no pó gelado, e o locutor recitou a frase que deve ter sido pensada desde o começo dos séculos: "Pela primeira vez na história da humanidade, um ser humano pôs um pé na Lua." Estávamos todos levitando diante do pavor da História. Todos, menos as crianças latino-americanas que perguntaram em coro: "Mas é a primeira vez?" E abandonaram a sala frustradas: "Que bobagem!" Pois, para elas, tudo que alguma vez tivesse passado pela sua imaginação — como o El Dorado — tinha o valor de um fato consumado, ocorrido de verdade. A conquista do espaço, tal como a supunham no berço, havia ocorrido fazia tempos. Mas só ocorreu ali.

Assim, no mundo do futuro iminente, nada estará escrito de antemão nem haverá lugar para nenhuma ilusão consagrada. Muitas coisas que ontem foram verdade não o serão amanhã. Talvez a lógica formal fique rebaixada a um método escolar para que as crianças entendam como era o antigo e abolido costume de se enganar, e talvez a tecnologia imensa e complexa das comunicações atuais seja simplificada com a telepatia. Será uma espécie de primitivismo ilustrado cujo instrumento essencial há de ser a imaginação.

Entramos, pois, na era da América Latina, primeiro produtor mundial de imaginação criadora, a matéria básica mais rica e necessária do mundo novo, e do qual estes cem quadros de cem pintores visionários podem ser muito mais do que uma mostra: podem ser a grande premonição de um continente ainda sem descobrir, no qual a morte há de ser derrotada pela felicidade, e haverá mais paz para sempre, mais tempo e melhor saúde, mais comida quente, mais rumbas saborosas, mais de tudo de bom para todos. Em duas palavras: mais amor.

NÃO ESTOU AQUI
Havana, Cuba, 8 de dezembro de 1992

Esta manhã, num jornal europeu, li a notícia de que não estou aqui. Não me surpreendeu, porque antes ouvi dizer que eu já tinha levado os móveis, os livros, os discos e os quadros do palácio que Fidel Castro me deu de presente, e que estava tirando através de uma embaixada os originais de um romance terrível contra a Revolução Cubana.

Se vocês não sabiam, agora sabem. Esta é talvez a razão pela qual não posso estar aqui esta tarde para inaugurar esta sala de cinema que, como o cinema, e como todos que têm alguma coisa a ver com o cinema, talvez não seja outra coisa além de uma ilusão de ótica. Pois esta sala nos custou tantos sustos e incertezas, que hoje — quinhentos anos, um mês e vinte e seis dias depois da chegada de Cristóvão Colombo — não conseguimos acreditar que realmente ela seja de verdade.

Em diferentes momentos desta história aconteceram vários milagres, mas houve um definitivo: o impressionante desenvolvimento científico do país. Foi outra das grandes ilusões que se tornaram realidade ao redor desta casa. Nunca cinema algum teve vizinhos tão brilhantes e generosos. Quando esta sala parecia de verdade condenada a não existir, eles bateram na nossa porta, não para nos pedir alguma coisa, mas para nos estender a mão. É por isso que a Fundação do Novo Cine Latino-Americano, em justa reciprocidade, compartilha hoje com a comunidade científica de Cuba o prazer do uso desta sala, com a certeza de que temos muito a dizer uns aos outros. Isto não é novo: Saint-John Perse, em seu esplêndido discurso do Prêmio Nobel, demonstrou até que ponto são comuns as fontes e os métodos das ciências e das artes. Como vocês podem ver, já que não estou aqui, não é pouco o que pude dizer. Oxalá que isto me anime a trazer de novo meus móveis, meus livros, meus contos, e que a Lei Torricelli nos faça o favor de nos permitir trazer de algum lugar outras primeiras pedras para muitas obras como esta.

Em homenagem a Belisario Betancur
por ocasião de seus 70 anos
Santafé de Bogotá, Colômbia, 18 de fevereiro de 1993

Por um erro de cálculo no fuso horário, liguei para o Palácio Presidencial às três da madrugada. A impertinência se tornou mais alarmante quando ouvi no telefone o presidente da República em pessoa. "Não se preocupe", me disse, com sua cadência episcopal. "Neste emprego tão complicado já não me resta outro horário para ler poesia." Pois nessas andava o presidente Belisario Betancur naquela madrugada trêmula do poder: relendo os versos matemáticos de Pedro Salinas, antes que os jornais chegassem para amargar seu novo dia com as fantasias da vida real.

Há novecentos anos, Guilherme IX, grão-duque de Aquitânia, também se desvelava pelas noites da guerra compondo poemas libertinos e romances de amor. Enrique VIII — que devastou bibliotecas únicas e cortou a cabeça de Thomas Morus — acabou nas antologias do ciclo isabelino. O czar Nicolau I ajudava Pushkin a corrigir seus poemas, para impedir que tropeçassem com a censura sangrenta que ele mesmo havia imposto. A história não se mostrou tão truculenta com Belisario Betancur, porque na verdade ele não foi um governante que amava a poesia mas um poeta a quem o destino impôs a penitência do poder. Uma vocação dominante, cuja primeira armadilha surgiu diante dele aos doze anos, no seminário de Yarumal. Foi assim: fatigado pela aridez da *rosa rosae rosarum*, Belisario escreveu seus primeiros versos com uma clara inspiração quevediana, antes mesmo de ler Quevedo, e em octassílabos magistrais antes de ler González.

> *Senhor, senhor, te rogamos*
> *e rogaremos sem fim,*
> *que caiam raios de merda*
> *no professor de latim.*

O primeiro raio caiu foi nele mesmo, com a expulsão imediata. E Deus soube muito bem o que fez. Se não fosse isso, quem sabe hoje estaríamos celebrando os 70 anos do primeiro papa colombiano.

Os jovens de hoje não podem imaginar até que ponto se vivia, naquela época, à sombra da poesia. Não se dizia primeiro ano do colegial, mas primeiro de literatura, e o título que se outorgava, apesar da química e da trigonometria, era o de formado em letras. Para nós, aborígines de todas as províncias, Bogotá não era a capital do país nem a sede do governo, e sim a cidade de chuvas finas e geladas onde moravam os poetas. Não apenas acreditávamos na poesia, como sabíamos com certeza — como diria Luis

Cardoza y Aragón — que ela é a única prova concreta da existência do homem. A Colômbia entrava no século XX com quase meio século de atraso, graças à poesia. Era uma paixão frenética, outra maneira de viver uma espécie de busca-pé que andava por conta própria por todos os lados: a gente levantava o tapete com a vassoura para esconder a sujeira e não era possível, porque a poesia já estava lá; abria-se o jornal, mesmo na seção econômica ou na página policial, e lá estava ela; no fundo da xícara de café, onde ficava escrito nosso destino, lá estava. Até na sopa. Foi onde Eduardo Carranza a encontrou: "Os olhos que se olham através dos anjos domésticos da fumaça da sopa." Jorge Rojas encontrou-a no prazer lúdico de uma imagem surpreendente e magistral: "As sereias não abrem as pernas porque ficaram escamadas", lembrando que escamada também queria dizer desconfiada. Daniel Arango achou-a num decassílabo perfeito, escrito com letras urgentes na vitrine de um armazém: "Liquidação total de tudo." Até nos mictórios públicos onde os romanos se escondiam, lá estava ela: "Se não temes a Deus, teme a sífilis." Com o mesmo terror reverencial com que íamos ao zoológico quando crianças, íamos ao café onde os poetas se reuniam ao entardecer. Mestre León de Greiffles ensinava a perder no xadrez sem rancor, a não abrir uma única pausa para a chegada da ressaca e, principalmente, a não temer as palavras. Assim era a cidade em que chegou Belisario Betancur quando se lançou na aventura do mundo, entre o pelotão de gente sem desbravar vinda de Antioquia, com o chapéu de feltro de grandes asas de morcego e o sobretudo de clérigo que o diferenciava do resto dos mortais. Chegou de vez ao café dos poetas, como se estivesse entrando em casa.

A partir de então, a história não haveria de dar a ele um minuto de trégua. E muito menos, como sabemos bem, na presidência da República, que talvez tenha sido seu único ato de infidelidade à poesia. Nenhum outro governante da Colômbia precisou enfrentar ao mesmo tempo um terremoto devastador, a erupção de um vulcão genocida e duas guerras sangrentas, num país prometeico que há mais de um século está se matando pela vontade de viver. Creio, no entanto, que se conseguiu superar tudo isso, não foi apenas graças ao seu fígado de político, coisa que ele tem, e tem muito bem, mas pelo poder sobrenatural dos poetas de assumirem a adversidade.

Foram necessários setenta anos e a indiscrição de uma revista juvenil, para que Belisario finalmente se revelasse por inteiro, sem as tantas folhas de parreira de tantas cores e tamanhos que usou na vida para não assumir seus riscos de poeta. É, no remanso da terceira idade, uma digna e bela maneira de tornar a ser jovem. Por isso me pareceu tão justo que esta reunião de amigos acontecesse numa casa de poesia. E sobretudo nesta, em cujas madrugadas ainda se ouvem os passos sigilosos de José Asunción, desvelado pelo rumor das rosas, e onde tornamos a nos encontrar, muitos dos amigos que mais gostávamos de Belisario, desde antes que fosse presidente, os que tantas vezes compadecemos enquanto foi, e os que continuamos a gostar dele mais do que nunca, agora que conseguiu o raro paraíso de já não ser nem querer voltar a ser.

MEU AMIGO MUTIS
Santafé de Bogotá, Colômbia, 25 de agosto de 1993

Álvaro Mutis e eu tínhamos feito um pacto de um não falar do outro em público, nem bem nem mal, como uma vacina contra a varíola dos elogios mútuos. No entanto, há exatos dez anos e nesse mesmo lugar, ele violou esse pacto de sanidade social, só porque não gostou do barbeiro que eu havia recomendado. A partir daquele momento, esperei uma ocasião para comer o prato frio da vingança, e creio que não haverá outra mais propícia do que esta.

Naquela oportunidade, Álvaro contou como Gonzalo Mallarino havia nos apresentado na Cartagena idílica de 1949. Esse encontro parecia de verdade ter sido o primeiro, até uma tarde de uns três ou quatro anos atrás, quando escutei Álvaro dizer alguma coisa casual sobre Felix Mendelssohn. Foi uma revelação que me transportou de repente aos meus anos de universitário na deserta salinha de música da Biblioteca Nacional de Bogotá, onde quem não tinha os cinco centavos para ir estudar no café ia se refugiar, como eu. Entre os escassos clientes do entardecer, eu odiava um que tinha nariz heráldico e sobrancelhas de turco, com um corpo enorme e sapatos minúsculos como os de Buffalo Bill, que entrava sem falta às quatro da tarde e pedia que tocassem o concerto para violino de Mendelssohn. Foi preciso se passarem quarenta anos até aquela tarde, em sua casa no México, para que eu reconhecesse de golpe a voz estentórea, os pés de Menino Deus, as mãos tremelicantes, incapazes de passar uma agulha pelo olho de um camelo. "Caralho", disse a ele, derrotado. "Quer dizer que era você."

A única coisa que lamentei foi não poder cobrar dele os ressentimentos atrasados, porque já havíamos digerido juntos tanta música, que não tínhamos mais nenhum caminho de volta. E assim continuamos amigos, muito apesar do abismo insondável que se abre no centro de sua vasta cultura, e que haverá de separar-nos para sempre: sua insensibilidade para o bolero.

Álvaro já havia sofrido os muitos riscos de seus ofícios estranhos e incontáveis. Aos dezoito anos, sendo locutor da Rádio Nacional, um marido ciumento e armado esperou por ele na esquina, por acreditar que havia detectado mensagens em código mandadas para a sua esposa, nas apresentações que Álvaro improvisava em seu programa. Em outra ocasião, num ato solene neste mesmo Palácio Presidencial, confundiu os nomes dos dois maiores integrantes da poderosa família Lleras. Mais tarde, já como especialista de relações públicas, se enganou de filme numa reunião de beneficência e, em vez de um documentário sobre crianças órfãs, projetou para as boas senhoras da sociedade uma comédia pornográfica de freiras e soldados, disfarçada sob um título inocente: *O cultivo das laranjeiras*. Foi também chefe de relações públicas de uma empresa aérea que acabou quando seu último avião caiu. O tempo de Álvaro era gasto em identificar os cadáveres, para dar a notícia às famílias das vítimas antes de falar para os jornais. Os parentes desprevenidos abriam a porta achando que era a felicidade, e era só reconhecer sua cara para que caíssem fulminados com um grito de dor.

Em outro emprego mais grato, precisou tirar de um hotel de Barranquilla o refinado cadáver do homem mais rico do mundo. Desceu com ele em posição vertical pelo elevador de serviço, num ataúde comprado de última hora na funerária da esquina. Ao garçom que perguntou quem estava lá dentro, respondeu: "O senhor bispo." Num restaurante do México, onde falava aos berros, um vizinho de mesa tentou agredi-lo, achando que ele fosse Walter Winchell, o narrador de *Os intocáveis* que Álvaro dublava para a televisão. Durante seus vinte e três anos de vendedor de filmes enlatados para a América Latina, deu dezessete voltas ao mundo sem mudar seu jeito de ser.

O que mais apreciei nele, desde sempre, é sua generosidade de mestre-escola, com uma vocação feroz que jamais pôde exercer por causa do maldito vício do bilhar. Nenhum escritor que eu conheça se ocupa tanto dos outros, e em especial dos mais jovens. Ele os instiga para a poesia contra a vontade de seus pais, os perverte com livros secretos, os hipnotiza com sua lábia florida e os faz rodar pelo mundo, convencidos de que é possível ser poeta sem morrer na tentativa.

Ninguém mais do que eu se beneficiou dessa rara virtude. Já contei alguma vez que foi Álvaro quem me levou o meu primeiro exemplar de *Pedro Páramo*, dizendo: "Aí está, para ver se você aprende." Nunca imaginou no que havia me metido. Pois com a leitura de Juan Rulfo aprendi não apenas a escrever de outra forma, mas a ter sempre pronta uma história diferente para não contar a que eu estivesse escrevendo. Minha vítima absoluta desse sistema salvador é Álvaro Mutis, desde que eu estava escrevendo *Cem anos de solidão*. Durante dezoito meses, ele apareceu na minha casa quase todas as noites, para que eu contasse os capítulos terminados, e era assim que eu captava suas reações, embora não fosse a mesma história que eu havia escrito. Ele escutava com tanto entusiasmo que depois continuava contando por todos os lados, corrigindo e aumentando. Seus amigos depois me contavam o que Álvaro havia contado, e muitas vezes me apropriei de suas contribuições. Quando acabei o primeiro rascunho, mandei para a casa dele. No dia seguinte, me telefonou indignado:

— Você me fez ficar feito um babaca na frente dos meus amigos — gritou. — Este troço não tem nada a ver com o que você tinha me contado!

Desde aquele tempo, ele é o primeiro leitor de meus originais. Seus julgamentos são tão crus, mas também tão sensatos, que pelo menos três contos meus morreram na lata de lixo porque ele tinha razão. Eu mesmo não poderia dizer quanto tem dele em quase todos os meus livros, mas é muito.

Volta e meia me perguntam como é que esta amizade conseguiu prosperar nestes tempos tão malvados. A resposta é simples: Álvaro e eu nos vemos muito pouco, e só nos vemos para ser amigos. Embora a gente more no México há mais de trinta anos, e apesar de sermos quase vizinhos, é lá onde nos vemos menos. Quando quero vê-lo, ou ele quer me ver, a gente se telefona antes para ter certeza de que queremos ver-nos. Uma única vez violei esta regra elementar de amizade, e Álvaro me deu uma prova máxima do tipo de amigo que é capaz de ser.

Foi assim: afogado em tequila, com um amigo muito querido, às quatro da madrugada bati no apartamento onde Álvaro ia tocando sua triste vida de solteiro disponível. Sem explicação alguma, diante de seu olhar ainda abobado pelo sono, tiramos da parede um precioso óleo de Botero, de um metro e vinte por um metro, e saímos sem explicação alguma, e fizemos com ele o que bem entendemos. Álvaro jamais me disse uma única palavra sobre o assalto, nem moveu um dedo para saber do quadro, e eu tive que esperar até esta noite de seus primeiros 70 anos para expressar meu remorso.

Outro bom sustento desta amizade é que a maioria das vezes em que estivemos juntos foi viajando. Isso nos permitiu ocupar-nos, na maior parte do tempo, de outras pessoas e de outras coisas, e só ocupar-nos um do outro quando valia a pena de verdade. Para mim, as intermináveis horas de estradas europeias foram a universidade de artes e letras onde jamais estive. De Barcelona a Aix-en-Provence aprendi mais de trezentos quilômetros de cátaros e dos papas de Avignon. O mesmo aconteceu na Alexandria e em Florença, em Nápoles e em Beirute, no Egito e em Paris.

No entanto, a lição mais enigmática daquelas viagens frenéticas foi através da pradaria belga, rarefeita pela bruma de outubro e o odor de caca humana da terra revirada e recém-abandonada, à espera da próxima semeadura. Álvaro havia dirigido durante mais de três horas, embora ninguém acredite, no mais completo silêncio. De repente, disse: "País de grandes ciclistas e caçadores." Nunca nos explicou o que quis dizer, mas nos confessou que dentro dele havia um bobo gigantesco, peludo e babão, que, em seus momentos de descuido, solta frases como essa, mesmo nas visitas mais solenes e até nos palácios presidenciais, e precisa mantê-lo afastado quando escreve, porque esse lobo enlouqueceu e se sacode e esperneia com vontade de corrigir seus livros.

Contudo, as melhores lembranças dessa escola errante não foram as aulas, mas os recreios. Em Paris, esperando que as senhoras acabassem de fazer compras, Álvaro sentou-se no portal de uma cafeteria da moda, virou a cabeça para o céu, revirou os olhos e estendeu sua trêmula mão de mendigo. Um cavalheiro impecável disse com a típica acidez francesa: "É um descaramento pedir esmola com esse suéter de caxemira." Mas deu um franco. Em menos de quinze minutos, Álvaro reuniu quarenta.

Em Roma, na casa de Francesco Rosi, hipnotizou Fellini, Monica Vitti, Alida Valli, Alberto Moravia, o glacê do bolo do cinema e das letras italianas, e os manteve eletrizados durante horas, contando suas histórias truculentas dos confins da região do Quindío, na Colômbia, num italiano inventado por ele, e que não tinha uma única palavra em italiano. Num bar de Barcelona recitou um poema com a voz e o desalento de Pablo Neruda, e alguém que havia escutado Neruda em pessoa pediu-lhe um autógrafo, achando que era ele.

Há um verso seu que havia me inquietado desde que o li: "Agora que sei que jamais conhecerei Istambul." Um verso estranho num monárquico irremediável, que nunca teria dito Istambul e sim Bizâncio, como não dizia Leningrado e sim São Petersburgo muito antes que a história lhe desse razão. Não sei por que, mas tive o presságio de que deveríamos exorcizar aquele verso conhecendo Istambul. E assim o convenci a irmos num barco lento, como deve ser quando se desafia o destino. E no entanto, não tive um só instante de sossego enquanto estivemos lá, assustado pelo poder premonitório da poesia. Somente hoje, quando Álvaro é um ancião de 70 anos e eu, um menino de 66, me atrevo a dizer que não fiz aquilo para derrotar um verso e sim para contrariar a morte.

Seja como for, a única vez em que acreditei de verdade que estava a ponto de morrer, eu também estava com Álvaro. Rodávamos através da Provença luminosa quando um motorista demente veio em cima da gente, em sentido contrário. Não me restou outro recurso que dar um golpe de volante para a direita, sem tempo para ver onde íamos cair. Por um instante tive a sensação fenomenal de que o volante não me obedecia no vazio. Carmen e Mercedes, sempre no banco de trás, permaneceram sem fôlego até que o automóvel deitou-se feito um menino na valeta de um vinhedo primaveral. A única coisa que lembro daquele instante é a cara de Álvaro no assento ao meu lado, me olhando um segundo antes de morrer, com um gesto de comiseração que parecia me dizer: "Mas o que é que esse babaca está fazendo?"

Essas reações intempestivas de Álvaro são menos surpreendentes para quem, como eu, conhece e padece com sua mãe, Carolina Jaramillo, uma mulher formosa e alucinada que não tornou a se olhar num espelho desde seus vinte anos, porque começou a se ver diferente do que se sentia. Sendo já uma avó avançada, andava de bicicleta vestida de caçador, dando injeções grátis nos ranchos da savana colombiana. Em Nova York, certa noite pedi a ela que ficasse cuidando do meu filho de catorze meses, enquanto íamos ao cinema. Ela nos advertiu com toda seriedade que tomássemos cuidado, porque em Manizales tinha feito o mesmo favor com um menino que não parava de chorar, e teve que dar a ele um doce de amoras envenenadas para que ficasse quieto. Apesar disso pedimos de novo, nas lojas Macy's, e quando regressamos a encontramos sozinha. Enquanto o serviço de segurança procurava o menino, ela tratou de nos consolar com a mesma serenidade tenebrosa do seu filho: "Não se preocupem. Também perdi Alvarito em Bruxelas, quando ele tinha sete anos. E vejam só como agora ele está bem." Claro que estava bem, se era uma versão culta e magnificada dela, e conhecido em meio planeta, não tanto pela sua poesia mas por ser o homem mais simpático do mundo. Por onde quer que passasse ia deixando um rastro inesquecível de seus exageros frenéticos, de suas comilanças suicidas, de suas explosões geniais. Só quem o conhece e gosta dele sabe muito bem que não passam de excessos para assustar seus fantasmas.

Ninguém consegue imaginar qual é o altíssimo preço que Álvaro Mutis paga pela desgraça de ser tão simpático. Eu o vi estendido num sofá, na penumbra de seu estúdio, com uma ressaca de consciência que nenhum de seus felizes ouvintes da noite anterior invejaria. Por sorte, essa solidão incurável é a outra mãe à qual ele deve sua imensa sabedoria, sua descomunal capacidade de leitura, sua curiosidade infinita e a beleza quimérica e a desolação interminável da sua poesia.

Eu o vi escondido do mundo nas sinfonias paquidérmicas de Bruckner como se fossem divertimentos de Scarlatti. Eu o vi num canto afastado de um jardim de Cuernavaca, durante umas férias prolongadas, fugitivo da realidade pelo bosque encantado das obras completas de Balzac. De tempos em tempos, como quem quer ir ver um filme de caubói, relê de um tirão *Em busca do tempo perdido*. Pois uma boa condição para que ele leia um livro é que não tenha menos de mil e duzentas páginas. Na cadeia do México, onde esteve por um delito do qual desfrutamos muitos escritores e artistas, e que só ele pagou, permaneceu os dezesseis meses que considera os mais felizes de sua vida.

Sempre pensei que a lentidão de sua criação era causada pelos seus ofícios tirânicos. Pensei, além disso, que estava agravada pelo desastre da sua caligrafia, que parece feita com pluma de ganso pelo próprio ganso, e cujos traços de vampiro fariam os mastins uivarem de pavor na névoa da Transilvânia. Quando eu disse isso, ele me disse, faz muitos anos, que assim que se aposentasse de suas galés iria se pôr em dia com seus livros. Que tenha sido assim, e que tenha saltado sem paraquedas de seus aviões eternos para a terra firme de uma glória abundante e merecida, é um dos grandes milagres de nossas letras: oito livros em seis anos.

Basta ler uma única página de qualquer um deles para entender quase tudo: a obra completa de Álvaro Mutis, sua própria vida, são as de um vidente que sabe a ciência certa que nunca voltaremos a encontrar o paraíso perdido. Ou seja: Maqroll não é apenas ele, como com tanta facilidade se fala por aí. Maqroll somos todos nós.

Fiquemos, pois, com esta temerária conclusão. Nós, que viemos aqui esta noite para cumprir com Álvaro estes 70 anos de todos. Pela primeira vez sem falsos pudores, sem xingamentos de mãe por causa do medo de chorar, e só para dizer a ele com todo o coração o quanto o admiramos, caralho, e quanto o amamos.

O ARGENTINO QUE SE FEZ
AMAR POR TODO MUNDO
Cidade do México, 12 de fevereiro de 1994

Fui a Praga pela última vez no histórico ano de 1968, com Carlos Fuentes e Julio Cortázar. Viajávamos de trem, de Paris, porque nós três éramos solidários em nosso medo de avião, e tínhamos falado de tudo enquanto atravessávamos a noite dividida das duas Alemanhas, seus oceanos de beterraba, suas imensas fábricas de tudo, seus estragos de guerras atrozes e seus amores desaforados.

Na hora de dormir, Carlos Fuentes teve a ideia de perguntar a Cortázar como e em que momento e por iniciativa de quem o piano tinha sido introduzido numa orquestra de jazz. A pergunta era casual e não pretendia saber nada mais do que uma data e um nome, mas a resposta foi uma cátedra deslumbrante que se prolongou até o amanhecer, entre enormes copos de cerveja e salsichas com batatas geladas. Cortázar, que sabia medir muito bem suas palavras, nos fez uma recomposição histórica e estética com uma erudição e uma simplicidade que mal podíamos acreditar, e que culminou nas primeiras luzes numa apologia homérica de Thelonious Monk. Não falava apenas com uma profunda voz de órgão de erres arrastados, mas também com suas mãos de ossos grandes, e não me lembro de outras mais expressivas. Nem Carlos Fuentes nem eu jamais esqueceríamos o assombro daquela noite única.

Doze anos depois, vi Julio Cortázar enfrentando uma multidão num parque de Manágua, sem contar com outras armas além da sua voz bonita e de um de seus contos mais difíceis: a história de um boxeador em desgraça, contada pelo próprio boxeador em lunfardo, o dialeto dos *bas-fonds* de Buenos Aires, cuja compreensão estaria totalmente vedada ao resto dos mortais se não a tivéssemos vislumbrado entre todos os brutamontes daquela história; no entanto, foi esse o conto que o próprio Cortázar havia escolhido para ler num palanque na frente da multidão de um vasto jardim iluminado, no meio da qual havia de tudo, de poetas consagrados a pedreiros desempregados, de comandantes da revolução a seus adversários. Foi outra experiência deslumbrante. Embora a rigor não fosse fácil acompanhar o significado do relato, mesmo para os mais treinados na gíria lunfarda, dava para sentir — e doer — os golpes que o coitado do boxeador levava na solidão do quadrilátero, e dava vontade de chorar pelas suas ilusões e pela sua miséria, pois Cortázar tinha conseguido uma comunicação tão profunda com o público que ninguém mais se importava com o que queriam ou não queriam dizer suas palavras, e a multidão sentada na grama parecia levitar em estado de graça pelo feitiço de uma voz que não parecia ser deste mundo.

Estas duas lembranças de Cortázar que tanto me afetaram me parecem também as que melhor o definiam. Eram os dois extremos da sua personalidade. Em privado, como no trem de Praga, conseguia seduzir por sua eloquência, por sua erudição viva, por sua memória milimétrica, pelo seu humor perigoso, por tudo que fez dele um intelectual dos grandes, no bom sentido de outros tempos. Em público, apesar de sua reticência em se transformar num espetáculo, fascinava a plateia com uma presença inconteste, que tinha alguma coisa de sobrenatural, ao mesmo tempo terna e estranha. Em ambos os casos, foi o ser humano mais impressionante que tive a sorte de conhecer.

Anos depois, quando já éramos amigos, acreditei ter tornado a vê-lo como o vi naquele dia, pois acho que se recriou a si mesmo num de seus contos mais bem-acabados, "O outro céu", no personagem de um latino-americano em Paris que assistia, por pura curiosidade, às execuções na guilhotina. Como se estivesse na frente de um espelho, Cortázar descreveu o seu personagem assim: "Tinha uma expressão distante e ao mesmo tempo curiosamente fixa, a cara de alguém que se imobilizou num momento de seu sonho e se recusa a dar o passo que o devolverá à vigília." Seu personagem andava envolto numa capa negra e longa, como o abrigo do próprio Cortázar quando o vi pela primeira vez na vida, mas o narrador do conto não se atrevia a se aproximar para perguntar de onde esse personagem era, pelo temor à fria cólera com que ele próprio teria recebido uma interpelação semelhante. O estranho é que eu também não tinha me atrevido a me aproximar de Cortázar numa certa tarde no Old Navy, de Paris, e pelo mesmo temor. Fiquei vendo-o escrever durante mais de uma hora, sem pausa para pensar, sem tomar nada além de meio copo de água mineral, até que começou a escurecer na rua e ele guardou a caneta no bolso e saiu com o caderno debaixo do braço, feito o escolar mais alto e mais magro do mundo. Nas muitas vezes em que nos vimos anos depois, a única coisa que tinha mudado nele era a barba densa e escura, pois até duas semanas antes de sua morte parecia certa a lenda de que era imortal, porque nunca havia deixado de crescer, e se manteve sempre com a mesma idade com que havia nascido. Nunca me atrevi a perguntar se isso era verdade, como tampouco lhe contei que no outono triste de 1956 o havia visto, sem me atrever a dizer-lhe nada, em seu canto do Old Navy, e sei que onde quer que ele esteja agora estará xingando minha mãe por causa da minha timidez. Os ídolos infundem respeito, admiração, carinho e, claro, grandes invejas. Como muito poucos escritores, Cortázar inspirava todos esses sentimentos, mas além do mais inspirava outro menos frequente: a devoção. Foi, talvez sem ter se proposto, o argentino que se fez amar por todo mundo. E, no entanto, me atrevo a pensar que, se os mortos morrem, Cortázar deve estar morrendo de vergonha pela consternação mundial que sua morte causou. Ninguém, mais do que ele, temia, na vida real e nos livros, as homenagens póstumas e os faustos funerários. E mais: sempre pensei que, para ele, a própria morte parecia indecente. Em alguma parte de *A volta ao dia em oitenta mundos*, um grupo de amigos não consegue segurar o riso diante da evidência de que um amigo em comum tinha incorrido no ridículo de morrer. Por isso, porque o conheci e gostei tanto dele, resisti a participar de lamentos e elegias por Julio Cortázar.

Preferi continuar pensando nele como sem dúvida ele queria, com o júbilo imenso de que tenha existido, com a alegria entranhável de tê-lo conhecido e a gratidão por ter deixado, para o mundo, uma obra talvez inconclusa, mas tão bela e indestrutível como a sua lembrança.

A América Latina existe
Contadora, Panamá, 28 de março de 1995

Esperei pela última rodada para falar, porque ontem, no café da manhã, não sabia nada do que aprendi no resto do dia. Sou um conversador empedernido e estes torneios são monólogos implacáveis, nos quais está proibido o prazer das interpelações e das réplicas. A gente toma notas, pede a palavra, espera, e quando chega a nossa vez os outros já disseram o que íamos dizer. Meu compatriota Augusto Ramírez tinha me dito no avião que é fácil saber quando alguém ficou velho, porque ilustra tudo o que diz com uma história. Se for assim, eu disse a ele, já nasci velho, e todos os meus livros são senis. Prova disso são estas anotações.

A primeira surpresa nos foi dada pelo presidente Lacalle, com a revelação de que o nome América Latina não é francês. Eu sempre achei que era, mas por mais que pense não consigo lembrar onde é que aprendi isso, e, seja como for, não poderia provar. Bolívar não o usou. Ele dizia América, sem adjetivos, antes que os norte-americanos se apoderassem do nome só para eles. Mas, em compensação, Bolívar comprimiu em cinco palavras o caos da nossa identidade, para nos definir na Carta da Jamaica: somos um pequeno gênero humano. Ou seja, incluiu tudo aquilo que fica de fora nas outras definições: as origens múltiplas, as nossas línguas indígenas e as línguas indígenas europeias: o espanhol, o português, o inglês, o francês, o holandês.

Lá pelos anos quarenta, todo mundo em Amsterdã acordou com a notícia disparatada de que a Holanda estava participando de um torneio mundial de beisebol — que é um esporte alheio aos holandeses —, e era porque Curaçao estava a ponto de ganhar o campeonato da América Central e do Caribe. A propósito do Caribe, creio que sua área está mal determinada, porque na realidade ela não deveria ser geográfica, mas cultural. Deveria começar no sul dos Estados Unidos e se estender até o norte do Brasil. A América Central, que supomos do Pacífico, não tem muito dele, e sua cultura é do Caribe. Esta reivindicação legítima teria pelo menos a vantagem de que Faulkner e todos os grandes escritores do sul dos Estados Unidos passariam a fazer parte da congregação do realismo mágico. Ainda pelos anos quarenta, Giovanni Papini também declarou que a América Latina não havia contribuído em nada com a humanidade, nem ao menos com um santo, como se isso lhe parecesse pouca coisa. Ele se enganou, pois já tínhamos Santa Rosa de Lima, que ele não contou, talvez por ser mulher. Sua afirmação ilustrava muito bem a ideia que os europeus sempre tiveram de nós: tudo o que não parece com eles parece um erro, e fazem de tudo para, à sua maneira, corrigir isso, como, aliás, fazem os Estados Unidos. Simón

Bolívar, desesperado por tantos conselhos e imposições, disse: "Deixem-nos fazer tranquilos a nossa Idade Média".

Ninguém padeceu, como ele, a pressão de uma Europa que já era velha em relação ao sistema que deveria escolher, monarquia ou república. Muito foi escrito sobre seus sonhos de se fazer coroar. A verdade é que, naquela época, mesmo depois das revoluções norte-americana e francesa, a monarquia não era uma coisa tão anacrônica como parece a nós, republicanos de hoje. Bolívar entendeu dessa maneira, e achava que o sistema não importava, desde que servisse para o sonho de uma América independente e unida. Quer dizer, como ele dizia, o maior Estado, o mais rico e poderoso do mundo. Já éramos vítimas da guerra entre os dogmas que até hoje nos atormentam, como nos lembrou ontem Sergio Ramírez: caem uns e surgem outros, mesmo que sejam apenas um álibi, como as eleições nas democracias.

Um bom exemplo é a Colômbia. Basta que haja eleições pontuais para legitimar a democracia, pois o que importa é o ritual, sem preocupar-se muito com seus vícios: o clientelismo, a corrupção, a fraude, o comércio de votos. Jaime Bateman, o comandante do M-19, dizia: "Um senador não é eleito com sessenta mil votos, e sim com sessenta mil pesos. Há pouco tempo, em Cartagena, uma vendedora de frutas me gritou na rua: 'Você me deve seis mil pesos!' A explicação é que ela tinha votado, por engano, num candidato com um nome que confundiu com o meu, e só depois percebeu. O que é que eu podia fazer? Pois paguei os seis mil pesos."

O destino da ideia bolivariana da integração parece cada vez mais semeado de dúvidas, a não ser nas artes e nas letras, que avançam na integração por sua conta e risco. Nosso querido Federico Mayor faz bem em se preocupar com o silêncio dos intelectuais, mas não com o silêncio dos artistas, que afinal não são intelectuais, são sentimentais. Eles se expressam aos gritos, do Rio Bravo até a Patagônia, na nossa música, na nossa pintura, no teatro e na dança, nos romances e nas telenovelas. Félix B. Cagnet, o pai das radionovelas, disse: "Eu parto do princípio de que as pessoas querem chorar, a única coisa que faço é dar a elas o pretexto." As formas da expressão popular são as mais simples e ricas do polilinguismo continental. Quando a integração política e econômica virarem verdade, e assim haverá de ser, a integração cultural será irreversível desde muito tempo antes. E até mesmo nos Estados Unidos, que gastam enormes fortunas em penetração cultural, enquanto nós, sem gastar um centavo, estamos mudando o idioma deles, sua comida, sua música, sua educação, suas formas de viver, seu amor. Ou seja, o mais importante da vida: a cultura.

Uma das grandes alegrias que levo dessas duas jornadas sem recreio foi o primeiro encontro com meu bom vizinho, o ministro Francisco Weffort, que começou por nos surpreender com seu castelhano impecável. Por outra parte, me pergunto se ao redor desta mesa existem mais de duas pessoas que falem português. Bem disse o presidente De la Madrid que nosso castelhano não se incomoda por saltar o Mato Grosso, enquanto os brasileiros, num esforço nacional por se entender conosco, estão criando o portunhol, que talvez seja a língua franca da América Latina. Pacho

Weffort, diríamos na Colômbia; Pancho, como diríamos no México, ou Paco, como diriam em qualquer uma das tabernas da Espanha, defende com razões de peso-pesado a existência do ministério da Cultura. Eu me oponho sem êxito, e talvez felizmente, a que se instaure esse ministério na Colômbia. Meu argumento principal é que contribuirá para a oficialização e a burocratização da cultura.

Mas não devemos simplificar. O que rejeito é a estrutura ministerial, vítima fácil do clientelismo e da manipulação política. Proponho, em seu lugar, um Conselho Nacional de Cultura que não seja governamental, mas estatal, responsável diante da Presidência da República e não diante do Congresso, e a salvo das frequentes crises ministeriais, das intrigas palacianas, das magias negras do orçamento. Graças ao excelente espanhol de Pacho, e apesar do meu português vergonhoso, acabamos concordando que não importa a maneira que for, desde que o Estado assuma a grave responsabilidade de preservar e ampliar os espaços da cultura.

O presidente De la Madrid nos fez o grande favor de tocar no drama do narcotráfico. Para ele, os Estados Unidos abastecem diariamente entre vinte e trinta milhões de viciados sem o menor tropeço, quase a domicílio, como se fosse leite, jornal ou pão. Isso só é possível com máfias mais fortes que as colombianas, e uma corrupção maior das autoridades que na Colômbia. É claro que o problema do narcotráfico diz respeito a nós, colombianos, muito profundamente. Já somos quase que os únicos culpados do narcotráfico, somos os únicos culpados de que os Estados Unidos tenham esse grande mercado de consumo, que por desgraça faz com que seja tão próspera a indústria do narcotráfico na Colômbia. Minha impressão é que o tráfico de drogas se tornou um problema que escapou das mãos da humanidade. Isso não quer dizer que devemos ser pessimistas e declarar-nos derrotados, mas que é preciso continuar combatendo o problema a partir deste ponto de vista, e não a partir da fumigação das plantações.

Há pouco tempo estive com um grupo de jornalistas norte-americanos numa pequena meseta, que não teria mais do que três ou quatro hectares semeados de amapolas. Fizeram uma demonstração para a gente: fumigação de helicópteros, fumigações de aviões. Na terceira passagem de helicópteros e aviões, calculamos que aquilo tudo custava mais do que nos custava o terreno. É desanimador saber que assim ninguém conseguirá combater o narcotráfico. Eu disse a alguns jornalistas norte-americanos que estavam conosco que aquela fumigação deveria começar pela ilha de Manhattan e pela prefeitura de Washington. Também recriminei o fato de eles — e o mundo — saberem como é o problema da droga na Colômbia — como é semeada, como é processada, como é exportada —, porque nós, jornalistas colombianos, investigamos, publicamos e divulgamos pelo mundo. Muitos, inclusive, pagaram com a vida. Mas nenhum jornalista norte-americano se deu ao trabalho de nos dizer como é a entrada da droga nos Estados Unidos, e como é a sua distribuição e a sua comercialização interna.

Creio que todos nós estamos de acordo com a conclusão do presidente Lacalle, de que a redenção destas Américas está na educação. É a mesma conclusão a que havíamos chegado no Fórum de Reflexão da Unesco no ano passado, onde se desenhou a bela ideia da "Universidade a distância". Naquela ocasião, me correspondeu sustentar uma vez mais a ideia da captação precoce das aptidões e das vocações que tanta falta fazem ao mundo. Eu me baseio no seguinte: se um menino se põe na frente de um grupo de brinquedos diferentes, vai acabar ficando com um único, e o dever do Estado seria criar condições para que esse brinquedo durasse. Estou convencido de que essa é a fórmula secreta da felicidade e da longevidade. Que cada um possa viver e fazer apenas aquilo que gosta, do berço à tumba. Ao mesmo tempo, e pelo que parece estamos todos de acordo, a gente tem de estar alerta contra a tendência do Estado de virar as costas para a educação e transferir essa responsabilidade à iniciativa privada. O argumento é demolidor: a educação privada, boa ou ruim, é a forma mais efetiva da discriminação social.

Um bom final para uma corrida de revezamento de quatro horas, que pode nos servir para dissipar as dúvidas sobre se a América Latina existe na realidade, é a que o ex-presidente Lacalle e Augusto Ramírez nos lançaram como uma granada sobre a mesa desde o começo. Pois bem, a julgar pelo que se disse aqui nesses dois dias, não há a menor dúvida de que a América Latina existe. Talvez seu destino edípico seja continuar procurando para sempre a sua identidade, o que será um sinal criativo que nos faria diferentes diante do mundo. Maltratada e dispersa, e ainda sem acabar, e sempre à procura de uma ética da vida, a América Latina existe. A prova disso? Nestes dois dias tivemos essa prova: pensamos, logo existimos.

UMA NATUREZA DIFERENTE NUM MUNDO DIFERENTE DO NOSSO
Santafé de Bogotá, Colômbia, 12 de abril de 1996

A primeira vez que ouvi falar em militares foi numa idade muito nova, quando meu avô me fez um relato assustador do que na época se chamou a matança das bananeiras. Ou seja: a repressão à bala de uma manifestação de operários colombianos da United Fruit Company, encurralada na estação de trem de Ciénaga. Meu avô, ourives de ofício e liberal até o tutano, havia merecido sua patente de coronel na Guerra dos Mil Dias, nas fileiras do general Rafael Uribe Uribe, e por esses méritos havia assistido à assinatura do tratado de Neerlândia, que pôs fim a meio século de guerras civis formais. Diante dele, do outro lado da mesa, estava o mais velho de seus filhos, na condição de parlamentar conservador.

Creio que minha visão do drama das bananeiras contado por ele foi a mais intensa de meus primeiros anos, e também a mais perdurável. Tanto que agora a recordo como um tema obsessivo da minha família e de seus amigos ao longo da minha infância, e que de algum modo condicionou nossas vidas para sempre. Mas, além disso, teve uma enorme transcendência histórica, porque precipitou o final de mais de quarenta anos de hegemonia, e sem dúvida influenciou na organização posterior da carreira militar.

No entanto, essa visão me marcou para sempre por outro motivo, que agora vem ao caso: foi a primeira imagem que tive dos militares, e haveriam de se passar muitos anos não apenas para que eu começasse a mudá-la, mas para que começasse a reduzi-la às suas justas proporções. Na verdade, apesar de meus esforços conscientes para conjurá-la, nunca tive a oportunidade de conversar com mais de meia dúzia de militares ao longo de cinquenta anos, e com muito poucos consegui ser espontâneo e conversar sem defesas prévias. A impressão de incertezas recíprocas sempre entorpeceu nossos encontros, nunca pude superar a ideia de que as palavras não significavam a mesma coisa para eles que para mim, e que no final das contas não tínhamos nada de que falar.

Não pensem que fui indiferente a esse problema. Ao contrário: é uma das minhas grandes frustrações. Sempre me perguntei onde estava a falha, se nos militares ou em mim, e como seria possível derrubar aquele baluarte de incomunicação. Não seria fácil. Nos dois primeiros anos do curso de Direito na Universidade Nacional — quando eu tinha dezenove —, foram meus colegas dois tenentes do Exército. (E bem que eu gostaria que eles estivessem aqui, entre vocês). Chegavam com seus uniformes idênticos, impecáveis, sempre juntos e pontuais. Sentavam-se à parte e eram os alunos mais sérios e metódicos, mas sempre me pareceu que estavam num mundo diferente do nosso. Se a gente lhes dirigia a palavra, eram atentos e amáveis; mas de um formalismo invencível: não diziam mais do que lhes perguntavam. Na temporada dos exames, nós, civis, nos dividíamos em grupos de quatro para estudar nos cafés, nos encontrávamos nos bailes dos sábados, nas farras estudantis, nos botequins mansos e nos bordéis lúgubres da época, mas nunca encontramos, nem por casualidade, nossos colegas militares.

Era impossível não pensar e concluir que tinham uma natureza diferente. Em geral, os filhos dos militares são militares, vivem em seus próprios bairros, se reúnem em seus cassinos e clubes, e seus mundos transcorrem da porta para dentro. Não era fácil encontrá-los nos cafés, raras vezes nos cinemas, e tinham uma aura misteriosa que permitia reconhecê-los mesmo quando estavam à paisana. O próprio caráter de seu ofício os tornou nômades, e isso dava a eles a oportunidade de conhecer o país até seus últimos rincões, por dentro e por fora, como nenhum outro compatriota, mas por decisão própria não têm o direito de votar. Por um dever elementar de boa educação aprendi uma infinidade de vezes a reconhecer suas insígnias para não me enganar ao cumprimentá-los, e demorei mais para aprender do que para esquecer.

Alguns amigos que conhecem esses meus preconceitos pensam que esta visita é a coisa mais estranha que fiz na vida. Ao contrário: minha obsessão pelas diferentes formas do poder é mais que literária — quase antropológica —, desde que meu avô me contou a tragédia de Ciénaga. Muitas vezes me perguntei se não é essa a origem de uma faixa temática que atravessa todos os meus livros pelo centro. Em *A revoada*, que é a convalescência do povoado depois do êxodo das bananeiras, no coronel para quem ninguém escrevia, em *O veneno da madrugada*, que é uma reflexão sobre a utilização dos militares para uma causa política, no coronel Aureliano Buendía, que escrevia versos no fragor de suas trinta e três guerras, e no patriarca de duzentos e tantos anos que jamais aprendeu a escrever. Do primeiro ao último desses livros — e espero que em muitos outros do futuro — há uma vida inteira de perguntas sobre a índole do poder.

Creio, não obstante, que minha verdadeira tomada de consciência sobre tudo isso começou quando eu escrevia *Cem anos de solidão*. O que mais me alentava na época era a possibilidade de reivindicação histórica das vítimas da tragédia, contra a história oficial que a proclamava como sendo uma vitória da lei e da ordem. Mas foi impossível: não consegui encontrar nenhuma testemunha direta ou remota de que os mortos tivessem sido mais do que sete, e de que o tamanho do drama não havia sido o que andava solto na memória coletiva. O que, é claro, não diminuía de maneira alguma a magnitude da catástrofe dentro do tamanho do país.

Os senhores poderão me perguntar, com toda razão, por que em vez de relatá-la em suas proporções reais a expandi até o tamanho de três mil mortos, que foram transportados num trem de duzentos vagões para serem jogados no mar. A razão, no código da poesia, é simples: eu estava trabalhando numa dimensão na qual o episódio das bananeiras já não era um horror histórico de algum lugar, mas um acontecimento de proporções míticas, onde as vítimas não eram iguais e os verdugos já não tinham rosto nem nome, e onde talvez ninguém fosse inocente. Daquele exagero me veio o velho patriarca que arrastava seus infortúnios solitários por um palácio cheio de vacas.

Como poderia ser de outra maneira? A única criatura mítica que a América Latina produziu é a do ditador militar do fim do século passado e princípios do atual. Muitos deles, é verdade, caudilhos liberais que acabaram transformados em tiranos bárbaros. Estou convencido de que se o coronel Aureliano Buendía tivesse ganhado pelo menos uma de suas trinta e três guerras, teria sido um deles.

No entanto, quando realizei o sonho de escrever os últimos dias do libertador Simón Bolívar em *O general em seu labirinto*, precisei limitar o espaço da invenção. Tratava-se de um homem de carne e osso de estampa descomunal, que travava uma batalha contra seu corpo devastado sem mais testemunha que o séquito de jovens militares que o acompanharam em todas as suas guerras, e que haveriam de acompanhá-lo até a morte. Tinha que saber como era ele na verdade, e como era cada um deles, e creio haver descoberto o mais próximo possível disso nas cartas reveladoras e fascinantes do Libertador. Creio, com toda humildade, que *O general em seu labirinto* é um testemunho histórico envolto nas galas irresistíveis da poesia.

É sobre esses enigmas da literatura que eu gostaria de prosseguir agora nesse diálogo com vocês, e que outros amigos iniciaram nesses dias. Aqueles que estimularam, do lado militar, essa conversa, sabem que não sou estranho a essa ideia necessária, e que meu único desejo é que ela vá em frente. Cada um conversou sobre a sua especialidade. Eu não tenho nenhuma outra além das letras, e mesmo nessa sou um empírico sem nenhuma formação acadêmica, mas me sinto capaz de alistá-los nas hostes nem sempre pacíficas da literatura. Para começar, quero deixar aos senhores uma única frase: "Creio que a vida de todos nós seria melhor se cada um dos senhores levasse sempre um livro na mochila."

JORNALISMO: O MELHOR OFÍCIO DO MUNDO
Los Angeles, Estados Unidos, 7 de outubro de 1996

Perguntaram a uma universidade colombiana quais são as provas de aptidão aplicadas a quem deseja estudar jornalismo, e a resposta foi categórica: "Jornalistas não são artistas." Estas reflexões, pelo contrário, estão fundamentadas justamente na certeza de que o jornalismo escrito é um gênero literário. O problema é que os estudantes e muitos professores não sabem, ou não acreditam. Talvez por isso sejam tão imprecisas as razões que os estudantes, em sua maioria, deram para explicar sua decisão de estudar jornalismo. Um deles disse: "Escolhi Comunicação porque senti que a mídia oculta mais do que mostra." Outro: "Porque é o melhor caminho para a política." Só um atribuiu sua preferência ao fato de que sua paixão por informar supera seu interesse por ser informado.

Há uns cinquenta anos, quando a imprensa colombiana estava na vanguarda na América Latina, não havia escolas de jornalismo. O ofício era aprendido nas salas de redação, nas oficinas de impressão, no café em frente, nas farras das sextas-feiras. E os jornalistas andavam sempre juntos, faziam vida em comum, e eram tão fanáticos pelo ofício que não falavam de nada que fosse diferente do próprio ofício. O trabalho trazia uma amizade de grupo que inclusive deixava pouca margem para a vida privada. Quem não aprendia naquelas aulas ambulantes e apaixonadas de vinte e quatro horas diárias, ou quem se aborrecia de tanto falar da mesma coisa, era porque queria ser ou achava que era jornalista, mas na verdade não era.

Os únicos meios de informação eram os jornais e as emissoras de rádio. As rádios demoraram a pisar os calcanhares da imprensa escrita, mas, quando conseguiram, foi com uma personalidade própria, avassaladora e um pouco atabalhoada, que em pouco tempo se apoderou da audiência. A televisão se anunciava como um engenho mágico que estava a ponto de chegar mas não chegava, e cujo império de hoje era difícil, naquele tempo, imaginar. Os telefonemas interurbanos, quando a gente conseguia, eram só através de telefonistas. Antes que fossem inventados o teletipo e o telex, os únicos contatos com o resto do país e com o exterior eram pelo correio ou por telegrama. Que, aliás, funcionavam bem, e chegavam sempre.

Um operador de rádio com vocação de mártir capturava no ar as notícias do mundo entre assovios siderais, e um redator erudito as elaborava e completava, com pormenores e antecedentes, do mesmo jeito que se reconstrói um dinossauro a partir de uma vértebra. A única coisa proibida era interpretar a notícia, porque esse era um domínio sagrado do diretor, cujos editoriais eram presumivelmente escritos por ele, embora não fossem, e quase sempre com caligrafias célebres por serem emaranhadas. Diretores históricos, como dom Luis Cano, do *El Espectador*, ou colunistas muito lidos, como Enrique Santos Montejo (*Calibán*), no *El Tiempo*, tinham linotipistas pessoais para decifrar suas caligrafias. A seção mais delicada e de grande prestígio era a editorial, num tempo em que a política era o centro nevrálgico do ofício e sua maior área de influência.

Jornalismo se aprende fazendo

O jornalismo cabia em três grandes seções: notícias, crônicas e reportagens, e os editoriais. A entrevista não era um gênero muito usual, nem tinha vida própria. Usava-se mais como matéria-prima para as crônicas e as reportagens. Tanto era assim, que na Colômbia ainda se diz reportagem em vez de entrevista. O cargo mais desvalido era o de repórter, que tinha ao mesmo tempo a conotação de aprendiz e de carregador de piano. A partir daí era preciso subir pela escada do bom serviço e dos trabalhos forçados de muitos anos até a ponte de comando. O tempo e o próprio ofício demonstraram que o sistema nervoso do jornalismo circula, na verdade, no sentido contrário.

Para ingressar na confraria não havia nenhuma condição, a não ser o desejo de ser jornalista, mas até os filhos dos donos de jornais familiares — que eram a maioria — tinham que comprovar suas aptidões na prática. Um lema dizia tudo: o jornalismo se faz aprendendo. Nos jornais chegavam estudantes fracassados em outras áreas ou à procura de emprego para coroar suas carreiras, ou profissionais de qualquer coisa que tinham descoberto tarde sua verdadeira vocação. Era preciso ter a alma bem serena, porque os recém-chegados passavam por ritos de iniciação semelhantes aos da marinha de guerra: brincadeiras cruéis, armadilhas para provar esperteza, reescritura obrigatória de um mesmo texto nas agonias da última hora: a criatividade gloriosa do deboche e da gozação sem limites. Era uma fábrica que formava e informava sem equívocos, e gerava opinião dentro de um ambiente de participação que mantinha o moral em seu devido lugar. A experiência havia demonstrado que tudo era fácil de aprender em cima da hora, para quem tivesse o sentido, a sensibilidade e o tutano do jornalista. A própria prática do ofício impunha a necessidade de se formar uma base cultural, e o próprio ambiente de trabalho se encarregava de fomentar isso. A leitura era um vício profissional. Os autodidatas costumam ser ávidos e rápidos, e os daquele tempo foram isso tudo de sobra, para pôr lá no alto o melhor ofício do mundo, como eles mesmos diziam. Alberto Lleras Camargo, que foi jornalista sempre e duas vezes presidente da República, não tinha nem o segundo grau.

De lá para cá, alguma coisa mudou. Na Colômbia, andam soltas umas vinte e sete mil credenciais de jornalismo, mas a imensa maioria não está com jornalistas em sua funções: servem como salvo-conduto para conseguir favores oficiais, ou para não fazer fila, entrar de graça nos estádios e outros usos dominicais. No entanto, uma grande maioria de jornalistas, e entre eles alguns dos notáveis, não tem nem precisa ter credencial alguma. Essas carteiras foram criadas na mesma época em que foram fundadas as primeiras faculdades de Ciências da Comunicação, justamente como reação contra o fato consumado de que o jornalismo carecia de respaldo acadêmico. A maioria dos profissionais não tinha diploma algum, ou tinha um de qualquer coisa menos do ofício que exerciam.

Alunos e mestres, jornalistas, gerentes e administradores entrevistados para estas reflexões mostram que o papel da academia é desalentador. "Nota-se apatia diante do pensamento teórico e da formulação conceitual", disse um grupo de estudantes que antecipam sua tese de formatura. "Parte dessa situação é responsabilidade dos docentes, por causa da imposição do texto obrigatório, pela fragmentação de livros com o abuso das fotocópias de capítulos, e por nenhuma contribuição própria." E concluíram, por sorte, com mais humor que amargura: "Somos os profissionais da fotocópia." As próprias universidades reconhecem deficiências flagrantes na formação acadêmica, principalmente em humanidades. Os estudantes chegam do segundo grau sem saber redigir, têm graves problemas de gramática e ortografia, e dificuldades para uma compreensão reflexiva dos textos. Muitos saem do jeito que chegaram. "Estão presos à preguiça e à falta de reflexão", disse um professor. "Quando propomos revisar e tornar a analisar um artigo elaborado por eles mesmos, resistem a retomar o texto." Pensa-se que o único interesse dos alunos é o do ofício como um fim em si, desvinculado da realidade e de seus problemas vitais, e onde prima um afã de protagonismo sobre a necessidade de investigação e de serviço. "Eles têm o status elevado como objetivo principal da sua vida profissional", conclui um professor universitário. "Não lhes interessa muito ser eles mesmos, se enriquecer espiritualmente com o exercício profissional, mas se formar para mudar de posição social."

A maioria dos alunos entrevistados sente-se frustrada pela escola, e suas vozes não tremem na hora de culpar os professores por não terem inculcado neles as virtudes que agora exigem deles, em especial a curiosidade pela vida. Uma excelente profissional, premiada muitas vezes, foi ainda mais explícita: "Em primeiro lugar, no momento de terminar o segundo grau devíamos ter tido a oportunidade de explorar muitos campos e, neles, saber qual nos inquieta. Mas, na verdade, isso não acontece: a gente tem que repetir muito bem, e sem alterar nada, o que a escola nos deu, para conseguir passar."

Há os que pensam que a massificação perverteu a educação, que as escolas tiveram que seguir a linha viciada do informativo em vez do formativo, e que os talentos de agora são esforços individuais e dispersos que lutam contra as academias. Pensa-se também que são escassos os professores que trabalham com ênfase em aptidões e vocações. "É difícil, porque normalmente a docência leva à máquina repetidora da repetição", explicou um professor. "É preferível a inexperiência simples ao sedentarismo de um professor que está há vinte anos no mesmo curso." O resultado é triste: os rapazes, que saem iludidos das academias, com a vida pela frente, só se tornam jornalistas quando têm a oportunidade de reaprender tudo na prática, dentro do próprio meio.

Alguns se orgulham de ser capazes de ler pelo avesso um documento secreto sobre a escrivaninha de um ministro, de gravar diálogos casuais sem prevenir o interlocutor, ou de usar como notícia uma conversa que antes haviam combinado que seria confidencial. O mais grave é que essas transgressões éticas obedecem a uma noção intrépida do ofício, assumida de maneira consciente e baseada com orgulho na sacralização de ser o primeiro a qualquer preço, e por cima de tudo: a síndrome do furo. Eles não se comovem pelo fundamento de que a boa exclusiva não é a que se dá primeiro, mas a que se dá melhor. No extremo oposto estão os que assumem o emprego como uma poltrona burocrática, sufocados por uma tecnologia sem coração que mal repara neles próprios.

Um fantasma percorre o mundo: o gravador

Antes que inventassem o gravador, o ofício era bem-feito com três instrumentos indispensáveis, que na verdade eram um só: a caderneta de anotações, uma ética a toda prova, e o par de ouvidos que os repórteres usavam para ouvir o que lhes diziam. Os primeiros gravadores pesavam mais que as máquinas de escrever, e gravavam em bobinas de arame magnético que se enredavam como fio de costura. Passou algum tempo antes que os jornalistas usassem gravadores para ajudar a memória, e mais ainda para que alguns dessem às máquinas a grave responsabilidade de pensar por eles.

Na verdade, o manejo profissional e ético do gravador ainda está para ser inventado. Alguém teria que ensinar aos jornalistas que o gravador não é um substituto da memória, e sim uma evolução da humilde caderneta de anotações, que tantos bons serviços prestou nas origens do ofício. O gravador ouve mas não escuta, grava mas não pensa, é fiel mas não tem coração, e no final das contas sua versão literal não será tão confiável como a de quem presta atenção às palavras vivas do interlocutor, as avalia com sua inteligência e as qualifica com sua moral. Para o rádio tem a enorme vantagem da literalidade e de imediatismo, mas muitos entrevistadores não escutam as respostas para poder pensar na próxima pergunta. Para os redatores dos jornais, a transcrição é uma prova de fogo: confundem o som das palavras, tropeçam com a semântica, naufragam na ortografia e morrem do infarto da sintaxe. Talvez a solução seja voltar ao pobre caderninho de notas, para que o jornalista vá editando com sua inteligência conforme grava o que escuta.

O gravador é o culpado da magnificação viciosa da entrevista. O rádio e a televisão, por sua própria natureza, a transformaram no gênero supremo, mas a imprensa escrita também parece compartilhar a ideia equivocada de que a voz da verdade não é tanto a do jornalista, mas a do entrevistado. A entrevista de imprensa sempre foi um diálogo entre o jornalista e alguém que tinha algo a dizer e pensar sobre um determinado fato. A reportagem foi a reconstituição minuciosa e verídica do fato, tal como sucedeu na realidade, para que o público ficasse sabendo como se tivesse estado lá. São gêneros afins e complementares, e não há por que excluir um ou outro. No entanto, o poder informativo e totalizador da reportagem só é superado pela célula primária e magistral do ofício, a única capaz de dizer tudo no instante de um relâmpago, quando se fica sabendo da notícia: o *flash*. Assim, um problema atual na prática e no ensino do ofício não é confundir ou eliminar os gêneros históricos, mas dar a cada um seu novo lugar e seu novo valor em cada meio por separado. E ter sempre presente algo que parece esquecido: que a investigação não é uma especialidade, um gênero do ofício, mas que todo jornalismo tem que ser investigativo por definição.

Um avanço importante deste meio século é que agora se comenta e se opina na notícia e na reportagem, e se enriquece o editorial com dados informativos. Quando essas licenças não eram admitidas, a notícia era uma nota seca e eficaz, herdada dos telegramas pré-históricos. Agora, porém, se impôs o formato dos despachos de agências internacionais, que facilita abusos difíceis de comprovar. O emprego excessivo de aspas em declarações falsas ou verdadeiras permite equívocos inocentes ou deliberados, manipulações malignas e tergiversações venenosas que dão à notícia a magnitude de uma arma mortal. As citações de fontes que merecem inteiro crédito, de pessoas geralmente bem informadas ou de altos funcionários que pediram que seus nomes não fossem revelados, ou de observadores que sabem tudo mas que ninguém vê, amparam todo tipo de agravos impunes, porque o autor se entrincheira no seu direito de não revelar a fonte. Nos Estados Unidos, por sua vez, prosperam malvadezas como esta: "Persiste a crença de que o ministro despojou de suas joias o cadáver da vítima, embora a polícia tenha negado." Não havia mais nada a dizer: o dano já estava feito. Seja como for, é um consolo supor que muitas dessas transgressões éticas, e outras tantas que envergonham o jornalismo de hoje, não se dão sempre por imoralidade, mas também por falta de domínio profissional.

A exploração do homem pelo módulo

O problema parece ser que o ofício não conseguiu evoluir na mesma velocidade que seus instrumentos, e os jornalistas ficaram às cegas, buscando o caminho no labirinto de uma tecnologia disparada sem controle rumo ao futuro. As universidades devem ter acreditado que as falhas eram acadêmicas e fundaram escolas que, com razão, já não são apenas para a imprensa escrita, mas para todos os meios. Nessa generalização, atropelaram até o humilde nome que o ofício teve desde suas origens no século XV, e agora já não se chama jornalismo, mas Ciências da Comunicação ou Comunicação Social. Coisa que, para os jornalistas empíricos de outrora, deve ser como encontrar o próprio pai no chuveiro e vestido de astronauta.

Nas universidades da Colômbia, existem catorze graduações e duas pós-graduações em Ciências da Comunicação. Isto confirma uma preocupação crescente em atingir um nível mais alto, mas também deixa a impressão de um pântano acadêmico que satisfaz muitas das necessidades atuais do ensino, mas não as duas mais importantes: a criatividade e a prática.

Os perfis profissionais que são oferecidos aos aspirantes estão idealizados no papel. Os ímpetos teóricos que os professores lhes infundem se desinflam no primeiro tropeço com a realidade, e a prepotência do diploma não os põem a salvo do desastre. Pois a verdade é que deveriam sair preparados para dominar as novas técnicas, e saem ao contrário: arrastados por elas e sufocados por pressões alheias aos seus sonhos. Encontram tantos interesses, e de todo tipo, atravessados no caminho, que não lhes sobra tempo nem ânimo para pensar, e menos ainda para continuar aprendendo.

Dentro da lógica acadêmica, a mesma prova de vestibular que se faz a um candidato a Engenharia ou Medicina Veterinária é a que algumas universidades exigem para um programa de Comunicação Social. No entanto, um aluno que chegou com êxito ao fim do curso disse sem reservas: "Aprendi jornalismo quando comecei a trabalhar. Claro que a universidade me deu a oportunidade de escrever as primeiras laudas, mas a metodologia aprendi trabalhando." É normal, enquanto não se admitir que o sustento vital do jornalismo é a criatividade, e, portanto, requer pelo menos uma valorização semelhante à dos artistas.

Outro ponto crítico é que o esplendor tecnológico das empresas não corresponde às condições de trabalho, e menos ainda aos mecanismos de participação que fortaleciam o espírito no passado. A redação é um laboratório asséptico e compartimentado, onde parece mais fácil se comunicar com os fenômenos siderais que com o coração dos leitores. A desumanização é galopante. Já não se sabe mais onde a carreira, que sempre esteve bem definida e demarcada, começa, termina e para onde vai.

A ansiedade de que o jornalismo recupere seu prestígio é percebida em todo lugar. Quem mais precisa disso são os donos dos veículos, seus maiores beneficiários, que sentem o descrédito onde mais lhes dói. As faculdades de Comunicação são alvo de críticas ácidas, e nem sempre sem razão. Talvez a origem de seu infortúnio seja ensinar muitas coisas úteis para o ofício, mas muito pouco do próprio ofício. Talvez devessem insistir em seus programas humanísticos, embora menos ambiciosos e peremptórios, para assegurar a base cultural que os alunos não levam do colégio. Deveriam reforçar a atenção nas aptidões e nas vocações, e talvez fragmentar-se em especialidades separadas para cada um dos meios de comunicação, já que não é possível dominá-los em sua totalidade ao longo de apenas uma vida. As pós-graduações para fugitivos de outras profissões também parecem muito convenientes para a variedade de seções especiais que o ofício ganhou com as novas tecnologias, e para o muito que o país mudou desde que dom Manuel del Socorro Rodríguez imprimiu a primeira folha de notícias, há duzentos e quatro anos.

O objetivo final, no entanto, não deveria ser os diplomas e as credenciais, mas o retorno ao sistema primário de ensino, através de oficinas práticas em pequenos grupos, com um aproveitamento crítico de experiências históricas e em seu marco original de serviço público. Os meios de comunicação, para seu próprio bem, deveriam contribuir a fundo, como se está fazendo na Europa com ensaios semelhantes. Seja em redação ou em laboratórios, ou com cenários construídos para isso, como os simuladores aéreos que reproduzem todos os incidentes do voo para que os alunos aprendam a evitar os desastres antes de encontrá-los de verdade pelo caminho. Pois o jornalismo é uma paixão insaciável, que só se consegue digerir e humanizar pela sua confrontação descarnada com a realidade. Ninguém que não a tenha padecido consegue imaginar essa servidão que se alimenta das imprevisões da vida. Ninguém que não tenha vivido isso consegue nem de longe conceber o que é o palpitar sobrenatural da notícia, o orgasmo da nota exclusiva, a demolição moral do fracasso. Ninguém que não tenha nascido para isso e esteja disposto a morrer por isso poderia persistir num ofício tão incompreensível e voraz, cuja obra termina depois de cada notícia, como se fosse para sempre, e não concede um instante de paz enquanto não torne a começar com mais ardor que nunca no minuto seguinte.

Garrafa ao mar para o deus das palavras
Zacatecas, México, 7 de abril de 1997

Aos meus doze anos, estive a ponto de ser atropelado por uma bicicleta. Um padre que passava me salvou com um grito: "Cuidado!" O ciclista caiu no chão. O senhor padre, sem se deter, me disse: "Viu só o que é o poder da palavra?" Naquele dia, fiquei sabendo. Agora sabemos, além do mais, que os maias sabiam disso desde os tempos de Cristo, e com tanto rigor que tinham um deus especial para as palavras.

Esse poder jamais foi tão grande como hoje. A humanidade entrará no terceiro milênio sob o império das palavras. Não é verdade que as imagens estejam substituindo as palavras, nem que as palavras possam ser extintas. Ao contrário, as imagens estão potencializando as palavras: nunca houve no mundo tantas palavras com tanto alcance, autoridade e vida própria como na imensa Babel da vida atual. Palavras inventadas, maltratadas ou sacralizadas pela imprensa, pelos livros descartáveis, pelos cartazes de publicidade; faladas e cantadas no rádio, na televisão, no cinema, no telefone, nos alto-falantes públicos; gritadas nas inscrições dos muros das ruas ou sussurradas ao pé do ouvido nas penumbras do amor. Não: o grande derrotado é o silêncio. As coisas agora têm tantos nomes, e em tantos idiomas, que já não é fácil saber como se chamam em língua alguma. Os idiomas se dispersam soltos e sem direção, se misturam e se confundem, disparados rumo ao destino irremediável de uma linguagem global.

A língua espanhola tem que se preparar para um grande ciclo nesse futuro sem fronteiras. É um direito histórico. Não por sua prepotência econômica, como outras línguas fizeram até hoje, mas pela sua vitalidade, sua dinâmica criativa, sua vasta experiência cultural, sua rapidez e sua força de expansão, num âmbito próprio, de dezenove milhões de quilômetros quadrados e quatrocentos milhões de usuários ao final deste século. Com razão um professor de Letras Hispânicas nos Estados Unidos disse que suas horas de aula são gastas em servir de intérprete entre latino-americanos de diferentes países. Chama a atenção que o verbo *pasar* tenha, em espanhol, cinquenta e quatro significados, enquanto na República do Equador existem cento e cinco nomes para o órgão sexual masculino, e chama a atenção que a palavra *condoliente*, que se explica por si só e tanta falta nos faz, ainda não tenha sido inventada. Um jovem jornalista francês se deslumbra pelos achados poéticos que encontra, a cada passo, na nossa vida doméstica. Que um menino desvelado pelo balido intermitente e triste de um cordeiro tenha dito: "Parece um farol." Que uma vivandeira da Guajira colombiana tenha recusado uma infusão de erva-cidreira porque estava com gosto de Sexta-Feira Santa. Que dom Sebastián de Covarrubias, em seu dicionário memorável, tenha nos deixado escrito de punho e letra que o amarelo é a cor dos apaixonados.

Quantas vezes não provamos um café com gosto de janela, um pão com gosto de esquina, uma cereja com gosto de beijo? São provas contundentes da inteligência de uma língua que há tempos não cabe em seu próprio corpo. Mas nossa contribuição não deveria ser a de metê-la no bolso, mas o contrário: libertá-la de seus ferros normativos para que entre no século XXI como quem entra na própria casa.

Nesse sentido, eu me atreveria a sugerir, diante dessa plateia de sábios, que simplifiquemos a gramática antes que a gramática acabe nos simplificando. Humanizemos suas leis, aprendamos das línguas indígenas, às quais tanto devemos, o muito que ainda têm para nos ensinar e enriquecer, assimilemos logo — e bem — os neologismos técnicos e científicos antes que nos sejam infiltrados sem digerir, negociemos de bom coração com os gerúndios bárbaros, com os quês endêmicos, o dequeísmo parasitário, e devolvamos ao subjuntivo presente o esplendor de suas esdrúxulas. Vamos aposentar a ortografia, terror do ser humano desde o berço: enterremos os agás rupestres, assinemos um tratado de limites entre o gê e o jota, e ponhamos mais uso da razão nos acentos escritos, que afinal de contas ninguém haverá de ler lagrima onde se diga lágrima, nem confundirá revolver com revólver. E o que dizer do nosso bê de burro e nosso vê de vaca, que os avós espanhóis nos trouxeram como se fossem dois e sempre sobra um?

São perguntas lançadas ao acaso, como garrafas lançadas ao mar com a esperança de que cheguem ao deus das palavras. A não ser que por essas ousadias e desatinos, tanto ele como nós terminemos por lamentar, com razão e direito, que aquela bicicleta providencial dos meus doze anos não tenha me atropelado a tempo.

ILUSÕES PARA O SÉCULO XXI
Paris, França, 8 de março de 1999

Nos anos quarenta, o escritor italiano Giovanni Papini enfureceu nossos avós com uma frase envenenada: "A América é feita das sobras da Europa." Hoje, temos razões para suspeitar que isso seja verdade, e mais: que a culpa seja nossa.

Simón Bolívar tinha previsto isso, e quis criar em nós a consciência de uma identidade própria numa linha genial da sua Carta da Jamaica: "Somos um pequeno gênero humano." Sonhava, e disse, que fôssemos a maior pátria, mais poderosa e a mais unida da Terra. No final de seus dias, mortificado por uma dívida com os ingleses que até hoje não acabamos de pagar, e atormentado pelos franceses que tratavam de vender-lhe os últimos trastes de sua revolução, suplicou a eles, exasperado: "Deixem-nos fazer tranquilos a nossa própria Idade Média." Acabamos sendo um laboratório de ilusões fracassadas. Nossa maior virtude é a criatividade, e no entanto não fizemos outra coisa além de sobreviver de doutrinas requentadas e guerras alheias, herdeiros de um Cristóvão Colombo desventurado que nos encontrou por acaso quando andava procurando as Índias.

Até há poucos anos era mais fácil nos reconhecermos no Quartier Latin de Paris que em qualquer um dos nossos países. Nos cafés de Saint-Germain-des-Prés trocávamos entre nós, e sem perguntar quem éramos, serenatas de Chapultepec por vendavais de Comodoro Rivadavia, caldos de congro de Pablo Neruda por entardeceres do Caribe, nostalgias de um mundo idílico e remoto onde havíamos nascido. Hoje, estamos vendo, não parece estranho para ninguém que tenha sido preciso que atravessássemos o Atlântico para nos encontrarmos conosco em Paris.

A vocês, sonhadores com menos de quarenta anos, corresponde a tarefa histórica de arrumar essas desarrumações descomunais. Lembrem que as coisas deste mundo, dos transplantes de coração aos quartetos de Beethoven, estiveram na mente de seus criadores antes de estar na realidade. Não esperem nada do século XXI, pois é o século XXI que espera tudo de vocês. Um século que não veio pronto da fábrica, veio pronto para ser forjado por vocês à nossa imagem e semelhança, e que só será tão pacífico e nosso como vocês forem capazes de imaginá-lo.

A PÁTRIA AMADA EMBORA DISTANTE
Medellín, Colômbia, 18 de maio de 2003

"Todas estas borrascas que acontecem conosco são sinais de que em breve haverá de serenar o tempo e haverá de nos acontecer bem as coisas, porque não é possível que o mal nem o bem sejam duráveis, e daqui segue-se que havendo durado muito o mal, o bem já estará perto."

Esta bela sentença de dom Miguel de Cervantes Saavedra não se refere à Colômbia de hoje, mas ao seu próprio tempo, é claro. Nunca, porém, teríamos sonhado que para nós ela acabasse sendo como sopa no mel para atender nossos lamentos. Pois uma síntese espectral do que é a Colômbia de hoje não permite acreditar que dom Miguel tivesse dito o que disse, e com tanta beleza, se fosse um compatriota de nossos dias. Dois exemplos teriam bastado para desfazer suas ilusões: no ano passado, cerca de quatrocentos mil colombianos tiveram que fugir de suas casas e de suas terras, por causa da violência, da mesma forma que quase três milhões já tinham feito no último meio século. Esses deslocamentos foram o embrião de outro país ao leu — quase tao populoso como Bogotá, e talvez maior que Medellín — que perambula sem rumo dentro de seu próprio espaço à procura de um lugar para sobreviver, sem outra riqueza material que a roupa do corpo. O paradoxo é que esses fugitivos de si mesmos continuam sendo vítimas da violência sustentada pelos dois negócios mais sustentáveis deste mundo sem razão: o narcotráfico e a venda ilegal de armas.

São sintomas primários do mar de fundo que asfixia a Colômbia: dois países em um, não apenas diferentes mas contrários, num mercado negro colossal que sustenta o comércio de drogas para sonhar, nos Estados Unidos e na Europa, e, no final das contas, no mundo inteiro. Pois é impossível imaginar o fim da violência na Colômbia sem a eliminação do narcotráfico, e não é imaginável o fim do narcotráfico sem a legalização da droga, que quanto mais é proibida, mais próspera é a cada dia.

Quatro décadas com todo tipo de turbações da ordem pública absorveram mais de uma geração de marginalizados, sem outro meio de vida além da subversão ou da delinquência comum. O escritor R.H. Moreno Durán disse isso de um modo mais certeiro: "Sem a morte, a Colômbia não daria sinais de vida." Nascemos suspeitos e morremos culpados. As conversações de paz — com exceções mínimas, embora memoráveis — terminaram há anos em conversações de sangue. Para qualquer assunto internacional, de uma inocente viagem de turismo ao simples ato de comprar e vender, nós, colombianos, precisamos começar por demonstrar nossa inocência.

O ambiente político e social jamais foi o melhor para a pátria de paz com a qual sonharam nossos avós. Sucumbiu logo cedo num regime de desigualdades, numa educação confessional, num feudalismo rupestre e num centralismo enraizado, com uma capital no meio das nuvens, remota e ensimesmada, e dois partidos eternos, ao mesmo tempo inimigos e cúmplices, e eleições sangrentas e manipuladas, e toda uma saga de governos sem povo. Tanta ambição só poderia se sustentar com vinte e nove guerras civis e três golpes de quartel entre os dois partidos, num caldo social que parecia previsto pelo diabo para as desgraças de hoje, numa pátria oprimida que no meio de tantos infortúnios aprendeu a ser feliz sem felicidade, e até mesmo contra a felicidade.

Foi assim que chegamos a um ponto que mal nos permite sobreviver, mas ainda existem almas pueris que olham para os Estados Unidos como um norte de salvação, com a certeza de que em nosso país até os suspiros para morrer em paz se esgotaram. No entanto, o que lá encontram é um império cego, que já não considera a Colômbia um bom vizinho, nem mesmo um cúmplice barato e confiável, mas um espaço a mais para a sua voracidade imperial.

Dois dons naturais nos ajudaram a superar os vazios de nossa condição natural, a buscar às cegas uma identidade e encontrar a verdade nas brumas da incerteza. Um é o dom da criatividade. O outro é uma arrasadora determinação de ascensão pessoal. Ambas as virtudes alimentaram desde as nossas origens a astúcia providencial dos nativos contra os espanhóis, desde o dia de seu desembarque. Enganaram os conquistadores, alucinados pelos romances de cavalaria, com ilusões de cidades fantásticas construídas de ouro puro, ou com a lenda de um rei revestido de ouro nadando em lagoas de esmeraldas. Obras-primas de uma imaginação criadora magnificada com recursos mágicos para sobreviver ao invasor.

Uns cinco milhões de colombianos, que hoje vivem no exterior fugindo das desgraças nativas sem outras armas ou escudos que sua temeridade ou seu engenho, demonstraram que aquelas malícias pré-históricas continuam vivas dentro de nós, pelas boas ou pelas más razões do sobreviver. A virtude que nos salva é que não nos deixamos morrer de fome por obra e graça da imaginação criadora, porque soubemos ser faquires na Índia, professores de inglês em Nova York ou criadores de camelo no Saara. Como tratei de demonstrar em alguns dos meus livros — se é que não em todos —, confio mais nesses disparates da realidade do que nos sonhos teóricos, que na maioria das vezes servem apenas para amordaçar a má consciência. Por isso creio que ainda nos resta um país de fundo para ser descoberto no meio do desastre: uma Colômbia secreta que já não caiba nos moldes que havíamos forjado para nós com nossos desatinos históricos.

Não é, pois, surpreendente que começássemos a vislumbrar uma apoteose da criatividade artística dos colombianos, e a perceber a boa saúde do país, com uma consciência definitiva de quem somos e para que servimos. Creio que a Colômbia está aprendendo a sobreviver com uma fé indestrutível, cujo mérito maior é o de ser tanto mais frutífera quanto mais adversa. Descentralizou-se à força da violência histórica, mas ainda pode se reintegrar à sua própria grandeza por obra e graça de suas desgraças. Viver esse milagre a fundo nos permitirá saber com certeza, e para sempre, em que país nascemos e continuar sem morrer entre duas realidades contrapostas. Por isso não me surpreende que nesses tempos de desastres históricos prospere ainda mais a boa saúde do país, com uma consciência nova. A sabedoria popular abre caminho, e não a esperamos sentados na porta da casa mas no meio da rua, talvez sem que o próprio país perceba que vamos superar tudo e encontrar sua salvação onde ela não estava.

Nenhuma outra ocasião me pareceu tão propícia como esta para sair da eterna e nostálgica clandestinidade do meu estúdio e tecer estas divagações a propósito dos duzentos anos da Universidade de Antioquia, que agora celebramos como uma data histórica para todos. Uma ocasião propícia para começar outra vez pelo princípio, e amar como nunca o país que merecemos para que nos mereça. Pois nem que fosse só por isso eu me atreveria a acreditar que a ilusão de dom Miguel de Cervantes está agora em sua estação propícia para vislumbrar a alvorada de um tempo serenado, que o mal que nos angustia haverá de durar muito menos que o bem, e que só da nossa criatividade inesgotável depende agora diferenciar qual dos tantos caminhos são os corretos para serem vividos em paz e gozá-los com o direito próprio, e para o sempre dos sempres.

Que assim seja.

Uma alma aberta para ser preenchida com mensagens em castelhano
Cartagena das Índias, Colômbia, 26 de março de 2007

Nem no mais delirante dos meus sonhos, nos dias em que escrevia *Cem anos de solidão*, cheguei a imaginar que poderia ver uma edição de um milhão de exemplares. Pensar que um milhão de pessoas poderiam decidir ler algo escrito na solidão de um quarto, tendo como arsenal as vinte e oito letras do alfabeto e meus dois dedos indicadores, pareceria claramente uma loucura. Hoje, as Academias da Língua fazem isso como um gesto para um romance que passou diante dos olhos de cinquenta vezes um milhão de leitores, e para um artesão insone como eu, que não sai de sua surpresa por tudo que aconteceu.

Mas não se trata, nem pode se tratar, de um reconhecimento para um escritor. Esse milagre é a demonstração irrefutável de que existe uma quantidade enorme de pessoas dispostas a ler histórias na língua castelhana, e portanto um milhão de exemplares de *Cem anos de solidão* não são um milhão de homenagens ao escritor que hoje recebe, rubro de vergonha, o primeiro livro dessa tiragem descomunal. É a demonstração de que existem milhões de leitores de textos em língua castelhana esperando por este alimento.

Na minha rotina de escritor, nada mudou desde aquele tempo. Nunca vi nada diferente que meus dois dedos indicadores golpeando, uma por uma, e num bom ritmo, as vinte e oito letras do alfabeto imutável que tive diante dos meus olhos durante esses setenta e tantos anos. Hoje, chegou a vez de eu levantar a cabeça para assistir a esta homenagem, que agradeço, e não posso fazer outra coisa a não ser parar para pensar no que foi que aconteceu. O que vejo é que o leitor inexistente da minha página em branco se transformou hoje numa multidão descomunal, faminta de leitura de textos em língua castelhana.

Os leitores de *Cem anos de solidão* formam uma comunidade que, se vivesse num mesmo pedaço de terra, seria um dos vinte países mais povoados do mundo. Não se trata de uma afirmação jactanciosa. Ao contrário. Quero apenas mostrar que ali está uma quantidade de seres humanos que demonstraram, com seu hábito de leitura, que têm a alma aberta para ser preenchida com mensagens em castelhano. O desafio para todos os escritores, todos os poetas, narradores e educadores da nossa língua é alimentar essa sede e multiplicar essa multidão, verdadeira razão de ser do nosso ofício e, claro, de nós mesmos.

Aos meus trinta e oito anos, e com quatro livros publicados desde meus vinte, me sentei diante da máquina e escrevi: "Muitos anos depois, diante do pelotão de fuzilamento, o coronel Aureliano Buendía havia de recordar aquela tarde remota em que seu pai o levou para conhecer o gelo." Não tinha a menor ideia do significado ou da origem dessa frase, nem para onde iria me conduzir. O que hoje sei é que não deixei de escrever um único dia durante dezoito meses, até que terminei o livro.

Pode parecer mentira, mas um dos problemas mais angustiantes era o papel para a máquina de escrever. Eu tinha o mau costume de acreditar que os erros de datilografia, de linguagem ou de gramática eram na realidade erros de criação, e cada vez que os detectava rasgava a folha e jogava no lixo, para começar de novo. Com o ritmo que tinha adquirido num ano de prática, calculei que levaria uns seis meses de manhãs diárias até terminar o livro.

Esperanza Araiza, a inesquecível Pera, era a datilógrafa de poetas e cineastas e tinha passado a limpo grandes obras de escritores mexicanos. Entre elas, *A região mais transparente*, de Carlos Fuentes, e *Pedro Páramo*, de Juan Rulfo, além de vários roteiros originais de dom Luis Buñuel. Quando propus a ela que passasse a limpo a versão final, o romance era um rascunho crivado de remendos, primeiro em tinta preta e depois em tinta vermelha para evitar confusões. Mas isso não era nada para uma mulher acostumada a tudo numa jaula de leões. Anos depois, Pera me confessou que quando levava para casa a última versão corrigida por mim, escorregou ao descer do ônibus em um aguaceiro de dilúvio e as páginas ficaram flutuando numa poça da rua. Com a ajuda de outros passageiros, ela as recolheu empapadas e quase ilegíveis, e secou-as em casa, folha por folha, com um ferro de passar roupa.

Um outro livro, que poderia até ser melhor, seria contar como sobrevivemos, Mercedes e eu, com nossos dois filhos, durante aquele tempo em que não ganhei um único centavo de lugar nenhum. Nem sei como Mercedes fez, durante aqueles meses, para que não faltasse comida em casa nem um único dia. Tínhamos resistido às tentações dos empréstimos com juros até amarrarmos o coração e começarmos nossas primeiras incursões para empenhar coisas na caixa econômica.

Depois dos alívios efêmeros com certas coisas miúdas, foi preciso apelar para as joias que Mercedes havia recebido de seus familiares ao longo dos anos. O especialista as examinou com um rigor de cirurgião, pesou e revisou com seu olho mágico os diamantes dos brincos, as esmeraldas de um colar, os rubis dos anéis, e no final devolveu tudo com um longo gesto de toureiro: "Tudo isso é vidro puro."

Nos momentos de dificuldades maiores, Mercedes fez suas contas astrais e disse ao nosso paciente senhorio, sem um mínimo tremor na voz:

— Podemos pagar tudo de uma vez dentro de seis meses.

— Desculpe, senhora — respondeu o proprietário —, mas a senhora sabe que isso será uma soma enorme?

— Sei — disse Mercedes, impassível —, mas quando for a hora daremos um jeito em tudo. Não se preocupe.

A voz do bom senhor, que era um alto funcionário do Estado, e um dos homens mais elegantes e pacientes que tínhamos conhecido, tampouco tremeu ao responder:

— Muito bem, senhora. Sua palavra é suficiente. — E fez suas contas fatais: — Eu a espero no dia sete de setembro.

Finalmente, no começo de agosto de 1966, Mercedes e eu fomos até uma agência de correios da Cidade do México para mandar para Buenos Aires a versão terminada de *Cem anos de solidão*, um pacote de 590 laudas escritas a máquina em espaço duplo e em papel ordinário, dirigidas a Francisco Porrúa, diretor literário da Editorial Sudamericana.

O funcionário do correio pôs o pacote na balança, fez seus cálculos mentais e disse:

— São oitenta e dois pesos.

Mercedes contou as notas e as moedas soltas que tinham sobrado em sua carteira e enfrentou a realidade:

— Só temos cinquenta e três.

Abrimos o pacote, dividimos em duas partes iguais e mandamos uma para Buenos Aires, sem nem pensar em como conseguiríamos o dinheiro para mandar o resto. Só mais tarde percebemos que não tínhamos mandado a primeira parte, e sim a segunda. Mas antes que conseguíssemos o dinheiro para mandá-la, Paco Porrúa, nosso homem na Editorial Sudamericana, ansioso para ler a primeira metade do livro, nos antecipou dinheiro para que pudéssemos mandá-la.

Foi assim que tornamos a nascer em nossa nova vida de hoje.

Nota do organizador

Os textos que Gabriel García Márquez reuniu neste livro foram escritos com a intenção de serem lidos em público, e percorrem praticamente toda a sua vida, desde o que escreveu aos dezessete anos para despedir-se de seus companheiros do curso colegial em Zipaquirá, em 1944, até o que leu diante das Academias da Língua e dos reis da Espanha, em 2007.

Já nos primeiros textos salta à vista a rejeição que o escritor colombiano tem pela oratória. "Eu não vim fazer um discurso" é a advertência que faz aos seus companheiros de colégio na primeira vez que sobe ao palco, e é a frase que nosso autor escolheu para este livro. No texto seguinte, "Como comecei a escrever", lido quando já era o exitoso autor de *Cem anos de solidão*, em 1970, previne os ouvintes da sua aversão ao gênero: "Eu comecei a ser escritor da mesma forma que subi neste palco: à força." Em sua terceira tentativa, ao receber o Prêmio Romulo Gallegos, em 1972, confirma que aceitou "fazer duas coisas que tinha me prometido não fazer jamais: receber um prêmio e fazer um discurso".

Dez anos mais tarde, Gabriel García Márquez recebeu o Prêmio Nobel de Literatura, e se viu na necessidade imperiosa de escrever o discurso mais importante que um escritor pode escrever na vida. O resultado foi uma obra-prima: "A solidão da América Latina". A partir de então, o gênero tornou-se essencial em sua carreira de autor admirado e premiado, cuja presença e cujas palavras eram solicitadas ao longo e ao largo deste mundo.

Nesta edição, tive o privilégio de trabalhar com o autor, literalmente lado a lado, na revisão dos textos. As mudanças realizadas foram correções ortográficas ou tipográficas usuais, além de ele ter decidido pôr títulos em alguns discursos que até agora não tinham, como o do Prêmio Rómulo Gallegos, que passou a ser "Por vocês". A releitura desses textos dispersos ou esquecidos, de um gênero que sempre considerou como "o mais aterrorizante dos compromissos humanos", levou García Márquez a se reconciliar com eles e a comentar: "Lendo esses discursos, redescubro como fui mudando e evoluindo como escritor". Neles não se encontram apenas os temas centrais da sua literatura, mas também rastros que ajudam a compreender mais profundamente a sua vida.

Nosso agradecimento a Gabriel García Márquez e a sua esposa, Mercedes Barcha, por sua contínua hospitalidade e generosidade nas sessões de trabalho que permitiram terminar este livro. Também aos seus filhos Rodrigo e Gonzalo, por seu apaixonado interesse a distância, por descobrir um discurso esquecido e por compartilhar suas opiniões sobre os títulos e a capa. Finalmente, meu agradecimento ao professor Aníbal González-Pérez, da Universidade de Yale, por me acompanhar na edição deste livro e por ter achado o discurso de abertura.

Cristóbal Pera

Notícias sobre os discursos

A academia do dever
Zipaquirá, Colômbia, 17 de novembro de 1944

Na despedida da turma de 1944, um ano superior à sua, que se formava no colegial do Liceu Nacional de Varões de Zipaquirá. Graças a uma bolsa de estudos, Gabriel García Márquez pôde continuar no colegial, como aluno interno, no Liceu Nacional de Varões de Zipaquirá.

Como comecei a escrever
Caracas, Venezuela, 3 de maio de 1970

No Ateneu de Caracas. Reproduzido mais tarde pelo jornal *El Espectador*, de Bogotá. Segundo Juan Carlos Zapata em seu artigo "Gabo nasceu em Caracas, e não em Aracataca", Nicolás Trincado, jornalista, acudiu ao fórum assim que soube que Gabriel García Márquez iria participar, e encontrou-o lá, "magro, bigodudo, com o cigarro aceso". A história que relata ao seu público com a advertência de que "é uma ideia que está dando voltas na minha cabeça faz vários anos" se transformou no roteiro cinematográfico do filme *Presságio*, dirigido por Luis Alcoriza em 1974.

Por vocês
Caracas, Venezuela, 2 de agosto de 1972
Ao receber o Prêmio Rómulo Gallegos
por *Cem anos de solidão*

No Teatro Paris. Os membros do júri foram Mario Vargas Llosa, Antonia Palacios, Emir Rodríguez Monegal, José Luis Cano e Domingo Miliani. A imprensa mencionou como finalistas, além do vencedor, os seguintes romances: *Una meditación*, de Juan Benet, *Três tristes tigres*, de Guillermo Cabrera Infante, e *Cuando quiero Llorar no Lloro*, de Miguel Otero Silva.

Outra pátria diferente
Cidade do México, 22 de outubro de 1982
Ao receber a Ordem da Águia Azteca,
no grau de insígnia

No Salão Venustiano Carranza do Palácio de Los Pinos, diante do presidente da República José López Portillo e do chanceler da Colômbia, Rodrigo Lloreda. Conforme indica o protocolo, o chanceler do México, Jorge Castañeda y Álvarez de la Rosa, lhe impôs a ordem. É a máxima condecoração que o governo mexicano concede a um estrangeiro.

A SOLIDÃO DA AMÉRICA LATINA
Estocolmo, Suécia, 8 de dezembro de 1982
Cerimônia de entrega do Prêmio Nobel de Literatura,
outorgado a Gabriel García Márquez

Na Sala de Concertos de Estocolmo. O romancista e seis cientistas — Kennet Wilson (Física), Aaron Klug (Química), Sune Bergstroem, Bengt Samuelsson e John R. Vance (Medicina) e George J. Stigler (Economia) — receberam das mãos do rei da Suécia, Carlos XVI Gustavo, e de sua esposa Sílvia, o prestigiado reconhecimento. Além de ser a figura central da cerimônia, Gabriel García Márquez rompeu uma tradição de toda a história dos prêmios Nobel, ao apresentar-se vestido com uma típica vestimenta caribenha, conhecida como liqui-liqui, no lugar do rigoroso fraque.

BRINDE À POESIA
Estocolmo, Suécia, 10 de dezembro de 1982
Durante o banquete oferecido pelos reis da Suécia em
homenagem aos que receberam os prêmios Nobel

A ceia de gala foi celebrada na Sala Azul da Prefeitura de Estocolmo. Em seu artigo intitulado "A sorte de não fazer fila", publicado em 4 de maio de 1983 e incluído em *Notas de Imprensa. Obra jornalística 5. 1961-1984*, García Márquez recorda: "Me pediram que assinasse um formulário impresso através do qual cedia à Fundação Nobel os direitos de autor da minha conferência e do meu brinde à poesia — que nos apuros das últimas horas eu havia improvisado a quatro mãos com o poeta Álvaro Mutis —, e depois assinei exemplares de meus livros em sueco para os funcionários da fundação..."

PALAVRAS PARA UM NOVO MILÊNIO
Havana, Cuba, 29 de novembro de 1985
II Encontro de Intelectuais pela Soberania
dos Povos da Nossa América

Discurso central da sessão de abertura do encontro, na sede da Casa de las Américas. Estiveram presentes Frei Betto, Ernesto Cardenal, Juan Bosch, Daniel Viglietti e Osvaldo Soriano, entre trezentos outros intelectuais do continente.

O CATACLISMO DE DÂMOCLES
Ixtapa-Zihuatanejo, México, 6 de agosto de 1986
II Reunião de Cúpula do Grupo dos Seis

Discurso Inaugural da reunião do Grupo dos Seis: Argentina, México, Tanzânia, Grécia, Índia e Suécia, sobre a paz e o desarmamento diante da ameaça nuclear, com a presença dos presidentes dos países-membros, Raúl Alfonsín, da Argentina, e Miguel de la Madrid Hurtado, do México, e dos primeiros-ministros Andreas Papandreu, da Grécia, Ingvar Carlsson, da Suécia, Rajiv Ghandi, da Índia, e Julius Nyerere, da Tanzânia.

UMA IDEIA INDESTRUTÍVEL
Havana, Cuba, 4 de dezembro de 1986
No ato de inauguração da sede da Fundação do Novo
Cinema Latino-Americano

Na fundação, situada na antiga chácara Santa Bárbara, num velho casarão do bairro de Marianao, tinha início a Escola Internacional de Cinema, Televisão e Vídeo (EICTV) de San Antonio de los Baños, também conhecida como "Escola dos Três Mundos". Gabriel García Márquez falou na qualidade de presidente da fundação.

PREFÁCIO PARA UM NOVO MILÊNIO
Caracas, Venezuela, 4 de março de 1990
Inauguração da Exposição
*Figuração e fabulação: 75 anos de pintura na
América Latina, 1914-1989*

A mostra foi exibida no Museu de Belas Artes, com curadoria do crítico venezuelano Roberto Guevara e coordenação de Milagros Maldonado. O discurso foi utilizado como prólogo ao catálogo da exposição.

Dela participaram: Antonio Barrera e Álvaro Barrios, da Colômbia; José Bedia, de Cuba; Sirón Franco, do Brasil; Julio Galán, do México; Guillermo Kuitca, da Argentina; Ana Mendieta, de Cuba; Juan Vicente Hernández, *Pájaro*, da Venezuela; Pancho Quilici, da Venezuela; Arnando Roche, de Porto Rico; Antonio José de Mello Mourão, *Tunga*, do Brasil, e Carlos Zerpa, da Venezuela.

Não estou aqui
Havana, Cuba, 8 de dezembro de 1992
Inauguração da sala de cinema da Fundação do
Novo Cinema Latino-Americano

A sala Glauber Rocha faz parte do conjunto cultural da sede da Fundação do Novo Cinema Latino-Americano. Nesta sala, um centro cultural em si, além de projetarem filmes são realizados seminários e conferencias nacionais e internacionais, apresentam-se peças de teatro, balés e concertos de câmara.

Em homenagem a Belisario Betancur
por ocasião de seus 70 anos
Santafé de Bogotá, Colômbia, 18 de fevereiro de 1993

A celebração ocorreu na Casa de Poesia José Asunción Silva. A convocatória para celebrar os 70 anos do ex-presidente da Colômbia, nascido no dia 4 de fevereiro, foi assinada, entre outros, por Gabriel García Márquez, Álvaro Mutis, Alfonso López Michelsen, Germán Arciniegas, Germán Espinosa, Abelardo Forero Benavides, Hernando Valencia Goelkel, Rafael Gutiérrez Girardot, Antonio Caballero, Darío Jaramillo Agudelo e María Mercedes Carranza, diretora da Casa de Poesia José Asunción Silva.

MEU AMIGO MUTIS
Santafé de Bogotá, Colômbia, 25 de agosto de 1993
Setenta anos de Álvaro Mutis

Lido por Gabriel García Márquez diante de seu amigo Álvaro Mutis na ceia de gala celebrada em homenagem a seu aniversário na Casa de Nariño, Bogotá, sede da presidência da Colômbia, e na qual o governo do presidente César Gaviria outorgou-lhe a Cruz de Boyacá. No dia 26 de novembro de 2007, no marco da XXI edição da Feira do Livro de Guadalajara, dedicada à Colômbia, foi prestada homenagem a Álvaro Mutis e o ex-presidente Belisario Betancur leu, "com permissão de García Márquez", sentado ao seu lado, este mesmo texto.

O ARGENTINO QUE SE FEZ AMAR
POR TODO MUNDO
Cidade do México, 12 de fevereiro de 1994

No Palácio de Belas Artes da Cidade do México. O discurso — publicado primeiro como artigo em 22 de fevereiro de 1984, poucos dias depois do falecimento de Julio Cortázar — foi uma homenagem ao autor dez anos após aquela data. O mesmo texto seria lido na mesa inaugural do Colóquio "Julio Cortázar revisitado", no dia 14 de fevereiro de 2004, em Guadalajara, Jalisco, na homenagem prestada pela Cátedra Julio Cortázar da Universidade de Guadalajara, presidida por Gabriel García Márquez e Carlos Fuentes, vinte anos depois da morte do escritor argentino.

A América Latina existe
Contadora, Panamá, 28 de março de 1995
"Laboratório" do Grupo Contadora com o tema
"A América Latina existe?"

Estiveram presentes: o ex-presidente do Uruguai, Luis Alberto Lacalle, como expositor, e como participantes, Federico Mayor Zaragoza, Gabriel García Márquez (que foi o último orador do encontro), Miguel de la Madrid Hurtado (ex-presidente do México), Sergio Ramírez (ex-vice-presidente da Nicarágua), Francisco Weffort (ministro da Cultura do Brasil) e Augusto Ramírez Ocampo (ex-chanceler da Colômbia).

No contexto da crise que açoitou a América Central, o Grupo Contadora nasceu no dia 9 de janeiro de 1983, para contribuir para a paz e a democracia na região. Seus primeiros membros foram a Colômbia, o México, o Panamá e a Venezuela. O grupo tomou o nome da ilha panamenha onde se reuniram os chanceleres desses quatro países para a sua fundação.

Uma natureza diferente num mundo diferente do nosso
Santafé de Bogotá, Colômbia, 12 de abril de 1996
Cátedra da Colômbia

As forças armadas colombianas inauguraram oficialmente o programa chamado Cátedra da Colômbia com a conferência "O Estado de direito e a força pública", a cargo do então ministro colombiano da Defesa Nacional, Juan Carlos Esguerra Portocarrero.

No programa acadêmico, diante de uma plateia composta por militares, falaram: Gabriel García Márquez, Rodrigo Pardo García, o procurador Alfonso Valdivieso Sarmiento, o historiador Germán Arciniegas, os ex-ministros Juan Manuel Santos e Rudolf Hommes, bem como Orlando Fals Borda, ex-constituinte, e o escritor Gustavo Alvarez Gardeazábal.

JORNALISMO: O MELHOR OFÍCIO DO MUNDO
Los Angeles, Estados Unidos, 7 de outubro de 1996
III Assembleia da Sociedade Interamericana de Imprensa (SIP), com sede em Miami, Flórida.

Discurso de abertura proferido por Gabriel García Márquez, em sua condição de presidente da Fundação do Novo Jornalismo Iberoamericano.

GARRAFA AO MAR PARA O DEUS DAS PALAVRAS
Zacatecas, México, 7 de abril de 1997
I Congresso Internacional da Língua Espanhola

O Prêmio Nobel de Literatura, a quem o congresso homenageou, fez sua intervenção na abertura do congresso e provocou uma formidável polêmica ao defender a aposentadoria da ortografia.

ILUSÕES PARA O SÉCULO XXI
Paris, França, 8 de março de 1999
Seminário "América Latina e Caribe diante
do novo milênio"

O Banco Interamericano de Desenvolvimento (BID) e a Unesco organizaram esse seminário em Paris, nos dias 8 e 9 de março. Gabriel García Márquez, convidado especial do evento, pronunciou este breve discurso inaugural.

A PÁTRIA AMADA EMBORA DISTANTE
Medellín, Colômbia, 18 de maio de 2003
Simpósio internacional "Rumo a um novo contrato
social em ciência e tecnologia para um
desenvolvimento equitativo"

No ato comemorativo dos duzentos anos da Universidade de Antioquia, este texto foi gravado com a voz de Gabriel García Márquez e enviado a Medellín, onde foi difundido às seis da tarde, no dia da inauguração do simpósio, no Teatro Camilo Torres.

UMA ALMA ABERTA PARA SER PREENCHIDA COM MENSAGENS EM CASTELHANO
Cartagena das Índias, Colômbia, 26 de março de 2007
Diante das Academias da Língua
e dos reis da Espanha

No Centro de Convenções de Cartagena, durante a abertura do IV Congresso Internacional da Língua, em homenagem a Gabriel García Márquez. O autor havia completado oitenta anos no dia 6 de março, e comemoravam os quarenta anos da publicação de *Cem anos de solidão* com uma edição especial, e os vinte e cinco anos do Nobel.

Este livro foi composto na tipologia ITC
Leawood Std, em corpo 9,5/16, e impresso
em papel off-white $90g/m^2$ no Sistema Cameron
da Divisão Gráfica da Distribuidora Record.